2020

中国火炬统计年鉴

CHINA TORCH STATISTICAL YEARBOOK

科学技术部火炬高技术产业开发中心 编

Edited By
Torch High Technology Industry
Development Center
Ministry of Science & Technology

图书在版编目（CIP）数据

中国火炬统计年鉴. 2020 = China Torch Statistical Yearbook 2020 : 汉英对照 / 科学技术部火炬高技术产业开发中心编. -- 北京 : 中国统计出版社, 2020.10
ISBN 978-7-5037-9288-5

Ⅰ. ①中… Ⅱ. ①科… Ⅲ. ①高技术产业－统计资料－中国－2020－年鉴－汉、英 Ⅳ. ①F279.244.4-54

中国版本图书馆 CIP 数据核字(2020)第 193939 号

中国火炬统计年鉴 2020

作　　者/科学技术部火炬高技术产业开发中心
责任编辑/李　冲
封面设计/李雪燕
出版发行/中国统计出版社有限公司
通信地址/北京市丰台区西三环南路甲 6 号　邮政编码/100073
电　　话/邮购（010）63376909　书店（010）68783171
网　　址/http://www.zgtjcbs.com
印　　刷/北京联兴盛业印刷股份有限公司
经　　销/新华书店
开　　本/880×1230mm　1/16
字　　数/300 千字
印　　张/11.5
版　　别/2020 年 10 月第 1 版
版　　次/2020 年 10 月第 1 次印刷
定　　价/180.00 元

如有印装错误，由本社发行部负责调换。

《2020 中国火炬统计年鉴》
CHINA TORCH STATISTICAL YEARBOOK-2020

编辑委员会
Editorial Board

编者说明

《中国火炬统计年鉴 2020》是由科技部火炬高技术产业开发中心编撰的反映中国火炬计划、技术市场、全国生产力促进中心等相关内容的统计资料书。全书收录了全国各省、直辖市、自治区、计划单列市及副省级城市科技部门和各国家高新区 2019 年度的相关火炬统计数据。

全书内容分十一个部分。第一部分为国家高新技术产业开发区内企业的情况；第二部分为全国高新技术企业的情况；第三部分为科技企业孵化器的情况；第四部分为众创空间的情况；第五部分为国家大学科技园的发展情况；第六部分为火炬计划软件产业基地的发展情况；第七部分为火炬特色产业基地的发展情况；第八部分为创新型产业集群的发展情况；第九部分为全国技术市场发展情况；第十部分为全国生产力促进中心的发展情况；第十一部分为主要指标解释。

本书所涉及东部、中部、西部和东北地区的具体划分为：

东部地区：包括北京、天津、河北、上海、江苏、浙江、福建、山东、广东和海南等 10 个省市；中部地区：包括山西、安徽、江西、河南、湖北和湖南等 6 个省市；西部地区：包括内蒙古、广西、重庆、四川、贵州、云南、西藏、陕西、甘肃、青海、宁夏和新疆等 12 个省市；东北地区：包括辽宁、吉林和黑龙江等 3 个省。

本书中使用的符号："空格"表示该项统计指标数据不足本表最小单位数、数据不详或无该数据；"#"表示其中的主要项；"/"表示数据未提供，"*"或"①"表示本表下有注解。

本书中因小数取舍而产生的误差均未做配平处理。

EDITOR'S NOTES

China Torch Statistical Yearbook 2020 is prepared by Torch High Technology Industry Development Center. The yearbook, which covers related data of provinces, deputy provincial level cities and cities listed independently in the state plan, and National High Technology Industrial Development Zones of the year 2019, reports on the development status of China Torch Program, China's Technology Market and Productivity Promotion Centers.

The Yearbook contains the following eleven parts: 1.Development of National High Technology Industrial Development Zones (Hi-tech Zones) and its tenants; 2.Development of High Technology Enterprises; 3.Development of Technology Business Incubators; 4. Development of Mass Maker Spaces; 5. Development of National University Science Parks; 6. Development of Torch Program Software Industrial Bases; 7.Development of Torch Program Specialized Industrial Bases; 8.Development of Innovative Industrial Clusters; 9. Development of Technology Market; 10. Development of Productivity Promotion Centers; 11.Explanatory Notes of Indicators.

Eastern region, central region, western region and northeastern region in the Yearbook are divided as following:

Eastern region include 10 provinces (municipalities): Beijing, Tianjin, Hebei, Shanghai, Jiangsu, Zhejiang, Fujian, Shandong, Guangdong and Hainan; Central region include 6 provinces: Shanxi, Anhui, Jiangxi, Henan, Hubei and Hunan; Western region include 12 provinces (autonomous regions and municipalities): Inner Mongolia, Guangxi, Chongqing, Sichuan, Guizhou, Yunnan, Tibet, Shaanxi, Gansu, Qinghai, Ningxia and Xinjiang; Northeastern region include 3 provinces: Liaoning, Jilin and Heilongjiang.

Symbols used in this Yearbook: "blank space" indicates that the figure is not large enough to be measured with the smallest unit in the table, or data unknown, or not available; "#" indicates the major items of the total; "/" indicates that data are not available; and "*" or "①" indicates footnotes at the end of the table.

Statistical discrepancies due to rounding are not adjusted in the Yearbook.

目　录
Contents

第一部分　国家高新技术产业开发区
THE FIRST PART　NATIONAL HIGH TECHNOLOGY INDUSTRIAL DEVELOPMENT ZONES（NATIONAL HI-TECH ZONES）

1-1　高新区企业主要经济指标 …… 3
Main Economic Indicators of Enterprises in National Hi-tech Zones
1-2　高新区企业主要经济指标(按地区分类) …… 4
Main Economic Indicators of Enterprises in National Hi-tech Zones by Region
1-3　各高新区企业主要经济指标 …… 6
Main Economic Indicators of Enterprises in National Hi-tech Zones
1-4　各高新区企业收入情况 …… 14
Revenue Statistics of Enterprises in National Hi-tech Zones
1-5　各高新区企业人员情况 …… 18
Personnel Statistics of Enterprises in National Hi-tech Zones
1-6　各国家高新区企业 R&D 活动与科技活动情况 …… 22
R&D Activities and Science and Technology Activities of Enterprises in National Hi-tech Zones by Region
1-7　高新区企业主要经济指标(按登记注册类型分类) …… 26
Main Economic Indicators of Enterprises in National Hi-tech Zones by Registration Category
1-8　高新区企业收入情况(按登记注册类型分类) …… 27
Revenue Statistics of Enterprises in National Hi-tech Zones by Registration Category
1-9　高新区企业人员情况(按登记注册类型分类) …… 27
Personnel of Statistics Enterprises in National Hi-tech Zones by Registration Category
1-10　高新区企业主要经济指标(按企业划型标准分类) …… 28
Main Economic Indicators of Enterprises in National Hi-tech Zones by the Enterprise Scale
1-11　高新区企业收入情况(按企业划型标准分类) …… 29
Revenue Statistics of Enterprises in National Hi-tech Zones by the Enterprise Scale
1-12　高新区企业人员情况(按企业划型标准分类) …… 29
Personnel Statistics of Enterprises in National Hi-tech Zones by the Enterprise Scale
1-13　高新区高技术产业制造业企业主要经济指标(按行业类别分类) …… 30
Main Indicators of Enterprises in Hi-tech Manufacture Fields in National Hi-tech Zones by Industry Field
1-14　高新区高技术产业服务业企业主要经济指标(按行业类别分类) …… 31
Main Indicators of Enterprises in Hi-tech Service Fields in National Hi-tech Zones by Industry Field

第二部分　全国高新技术企业
THE SECOND PART　HIGH TECHNOLOGY ENTERPRISES IN CHINA

2-1　全国高新技术企业主要经济指标 …… 35
Main Economic Indicators of High-tech Enterprises
2-2　各地区高新技术企业主要经济指标 …… 36
Main Economic Indicators of High-tech Enterprises by Region
2-3　计划单列市高新技术企业主要经济指标 …… 38
Main Economic Indicators of High-tech Enterprises of the Cities Listed Independently in the State Plan
2-4　副省级城市高新技术企业主要经济指标 …… 39
Main Economic Indicators of High-tech Enterprises of the Deputy Provincial Level Cities
2-5　各地区高新技术企业收入情况 …… 40
Revenue Statistics of High-tech Enterprises by Region
2-6　计划单列市高新技术企业收入情况 …… 41
Revenue Statistics of High-tech Enterprises of the Cities Listed Independently in the State Plan
2-7　副省级城市高新技术企业收入情况 …… 41
Revenue Statistics of High-tech Enterprises of　the Deputy Provincial Level Cities
2-8　各地区高新技术企业人员情况 …… 42
Personnel Statistics of High-tech Enterprises by Region
2-9　计划单列市高新技术企业人员情况 …… 43
Personnel Statistics of High-tech Enterprises of the Cities Listed Independently in the State Plan
2-10　副省级城市高新技术企业人员情况 …… 43
Personnel Statistics of High-tech Enterprises of the Deputy Provincial Level Cities
2-11　各地区高新技术企业 R&D 活动与科技活动情况 …… 44
R&D Activities and Science and Technology Activities Statistics of High-tech Enterprises by Region
2-12　计划单列市高新技术企业 R&D 活动与科技活动情况 …… 45
R&D Activities and Science and Technology Activities Statistics of High-tech Enterprises of the Cities Listed Independently in the State Plan
2-13　副省级城市高新技术企业 R&D 活动与科技活动情况 …… 45
R&D Activities and Science and Technology Activities Statistics of High-tech Enterprises of the Deputy Provincial Level Cities
2-14　高新技术企业主要经济指标(按登记注册类型分类) …… 46
Main Economic Indicators of High-tech Enterprises by Registration Category
2-15　高新技术企业收入情况(按登记注册类型分类) …… 47
Revenue Statistics of High-tech Enterprises by Registration Category
2-16　高新技术企业人员情况(按登记注册类型分类) …… 47
Personnel Statistics of High-tech Enterprises by Registration Category
2-17　高新技术企业主要经济指标(按企业划型标准分类) …… 48
Main Economic Indicators of High-tech Enterprises by the Enterprise Scale
2-18　高新技术企业收入情况(按企业划型标准分类) …… 49
Revenue Statistics of High-tech Enterprises by the Enterprise Scale
2-19　高新区企业人员情况(按企业划型标准分类) …… 49
Personnel Statistics of Enterprises in National Hi-tech Zones by the Enterprise Scale
2-20　高新技术企业中高技术产业制造业企业主要经济指标(按行业类别分类) …… 50
Main Indicators of High-tech Enterprises in Hi-tech Manufacture Fields by Industry Field

2-21 高新技术企业中高技术产业服务业企业主要经济指标(按行业类别分类) ······ 51
Main Indicators of High-tech Enterprises in Hi-tech Service Fields by Industry Field

第三部分 科技企业孵化器
THE THIRD PART TECHNOLOGY BUSINESS INCUBATORS (TBIS)

3-1 全国科技企业孵化器主要经济指标 ······ 55
Main Economic Indicators of TBIs
3-2 各地区科技企业孵化器基本情况 ······ 56
General Statistics of TBIs by Region
3-3 各地区科技企业孵化器孵化企业情况 ······ 57
Tenants Statistics of TBIs by Region
3-4 各地区科技企业孵化器孵化场地情况 ······ 58
Space Statistics of TBIs by Region
3-5 各地区科技企业孵化器当年在孵企业情况 ······ 59
Annual Statistics of Incubatees of TBIs by Region
3-6 各地区国家级科技企业孵化器基本情况 ······ 60
General Statistics of State Level TBIs by Region
3-7 各地区国家级科技企业孵化器孵化企业情况 ······ 61
Tenants Statistics of State Level TBIs by Region
3-8 各地区国家级科技企业孵化器孵化场地情况 ······ 62
Space Statistics of State Level TBIs by Region
3-9 各地区国家级科技企业孵化器当年在孵企业情况 ······ 63
General Statistics of Tenants of State Level TBIs by Region
3-10 计划单列市科技企业孵化器基本情况 ······ 64
General Statistics of TBIs of the Cities Listed Independently in the State Plan
3-11 计划单列市科技企业孵化器孵化企业情况 ······ 64
Tenants Statistics of TBIs of the Cities Listed Independently in the State Plan
3-12 计划单列市科技企业孵化器孵化场地情况 ······ 65
Space Statistics of TBIs of the Cities Listed Independently in the State Plan
3-13 计划单列市科技企业孵化器当年在孵企业情况 ······ 65
Annual Statistics of Incubatees of TBIs of the Cities Listed Independently in the State Plan
3-14 计划单列市国家级科技企业孵化器基本情况 ······ 66
General Statistics of State Level TBIs of the Cities Listed Independently in the State Plan
3-15 计划单列市国家级科技企业孵化器孵化企业情况 ······ 66
Tenants Statistics of State Level TBIs of the Cities Listed Independently in the State Plan
3-16 计划单列市国家级科技企业孵化器孵化场地情况 ······ 67
Space Statistics of State Level TBIs of the Cities Listed Independently in the State Plan
3-17 计划单列市国家级科技企业孵化器当年在孵企业情况 ······ 67
General Statistics of Tenants of State Level TBIs of the Cities Listed Independently in the State Plan

第四部分 众创空间
THE FOURTH PART MASS MAKER SPACES

4-1 各地区众创空间基本运营情况 ······ 71
General Statistics of Mass Maker Spaces by Region

4-2　各地区众创空间服务情况 …… 72
Service Statistics of Mass Maker Spaces by Region
4-3　各地区众创空间创业团队和企业情况 …… 74
Statistics of Groups and Startups of Mass Maker Spaces by Region
4-4　各地区众创空间收入情况 …… 76
Income Statistics of Mass Maker Space by Region
4-5　各地区国家备案众创空间基本运营情况 …… 77
General Statistics of National Mass Maker Spaces by Region
4-6　各地区国家备案众创空间服务情况 …… 78
Service Statistics of National Mass Maker Spaces by Region
4-7　各地区国家备案众创空间创业团队和企业情况 …… 80
Statistics of Groups and Startups of National Mass Maker Spaces by Region
4-8　各地区国家备案众创空间收入情况 …… 82
Income Statistics of National Mass Maker Space by Region
4-9　计划单列市众创空间基本运营情况 …… 83
General Statistics of Mass Maker Spaces of the Cities Listed Independently in the State Plan
4-10　计划单列市众创空间服务情况 …… 83
Service Statistics of Mass Maker Spaces of the Cities Listed Independently in the State Plan
4-11　计划单列市众创空间创业团队和企业情况 …… 84
Statistics of Groups and Startups of Mass Maker Spaces of the Cities Listed Independently in the State Plan
4-12　计划单列市众创空间收入情况 …… 85
Income Statistics of Mass Maker Space of the Cities Listed Independently in the State Plan
4-13　计划单列市国家备案众创空间基本运营情况 …… 86
General Statistics of National Mass Maker Spaces of the Cities Listed Independently in the State Plan
4-14　计划单列市国家备案众创空间服务情况 …… 86
Service Statistics of National Mass Maker Spaces of the Cities Listed Independently in the State Plan
4-15　计划单列市国家备案众创空间创业团队和企业情况 …… 87
Statistics of Groups and Startups of National Mass Maker Spaces of the Cities Listed Independently in the State Plan
4-16　计划单列市国家备案众创空间收入情况 …… 88
Income Statistics of National Mass Maker Space of the Cities Listed Independently in the State Plan

第五部分　国家大学科技园
THE FIFTH PART　NATIONAL UNIVERSITY SCIENCE PARKS

5-1　国家大学科技园主要经济指标 …… 91
Main Economic Indicators of National University Science Parks
5-2　各地区国家大学科技园基本情况 …… 92
General Statistics of National University Science Parks by Region
5-3　各地区国家大学科技园人员情况 …… 93
Personnel Distribution of National University Science Parks by Region
5-4　各地区国家大学科技园孵化场地情况 …… 94
Incubation Space of National University Science Parks by Region

5-5 各地区国家大学科技园在孵企业情况 …… 95
Incubation Statistics of National of University Science Parks by Region
5-6 各地区国家大学科技园毕业企业情况 …… 96
General Statistics of Graduated Tenants of National University Science Parks by Region
5-7 计划单列市国家大学科技园基本情况 …… 97
General Statistics of National University Science Parks of the Cities Listed Independently in the State Plan
5-8 计划单列市国家大学科技园人员情况 …… 97
Personnel Distribution of National University Science Parks of the Cities Listed Independently in the State Plan
5-9 计划单列市国家大学科技园孵化场地情况 …… 98
Incubation Space of National University Science Parks of the Cities Listed Independently in the State Plan
5-10 计划单列市国家大学科技园在孵企业情况 …… 98
Incubation Statistics of National of University Science Parks of the Cities Listed Independently in the State Plan
5-11 计划单列市国家大学科技园毕业企业情况 …… 98
General Statistics of Graduated Tenants of National University Science Parks of the Cities Listed Independently in the State Plan

第六部分 国家火炬软件产业基地
THE SIXTH PART NATIONAL TORCH PROGRAM SOFTWARE INDUSTRIAL BASES

6-1 软件产业基地主要经济指标 …… 101
Main Economic Indicators of Software Industrial Bases
6-2 软件产业基地场地情况 …… 102
Space Area of Software Industrial Bases
6-3 软件产业基地从业人员情况 …… 103
Personnel Statistics of Software Industrial Bases
6-4 软件产业基地软件人员分布情况 …… 104
Personnel Distribution of Software Industrial Bases
6-5 软件产业基地收入情况 …… 105
Income of Software Industrial Bases
6-6 软件产业基地出口和利税情况 …… 107
Export Profit and Taxes of Software Industrial Bases
6-7 软件产业基地科技活动经费筹集情况 …… 108
Science and Technology Activity Funding of Software Industrial Bases
6-8 软件产业基地研发支出情况 …… 109
Expenditure on R&D of Software Industrial Bases

第七部分 国家火炬特色产业基地
THE SEVENTH PART NATIONAL TORCH SPECIALIZED INDUSTRIAL BASES

7-1 火炬特色产业基地主要情况 …… 113
General Statistics of Torch Specialized Industrial Bases

7-2 各地区火炬特色产业基地经济指标 ……114
Main Economic Indicators of Torch Specialized Industrial Bases by Region
7-3 各地区火炬特色产业基地人员分布情况 ……115
Personnel Distribution of Torch Specialized Industrial Bases by Region
7-4 计划单列市火炬特色产业基地经济指标 ……116
Main Economic Indicators of Torch Specialized Industrial Bases of the Cities Listed Independently in the State Plan
7-5 计划单列市火炬特色产业基地人员分布情况 ……116
Personnel Distribution of Torch Specialized Industrial Bases of the Cities Listed Independently in the State Plan

第八部分 创新型产业集群

THE EIGHTH PART INNOVATIVE INDUSTRIAL CLUSTERS

8-1 创新型产业集群主要情况 ……119
Main Statistics of Innovative Industrial Clusters
8-2 创新型产业集群主要经济指标 ……120
Main Economic Statistics of Innovative Industrial Clusters
8-3 创新型产业集群主要科技活动成果情况 ……122
Main Results of Science and Technology Activities of Innovative Industrial Clusters
8-4 创新型产业集群主要服务机构情况 ……124
Main Service Organizations of Innovative Industrial Clusters

第九部分 全国技术市场

THE NINTH PART TECHNOLOGY MARKET IN CHINA

9-1 全国技术合同成交情况 ……127
Statistics of Technology Contract Deals in Domestic Technical Markets
9-2 技术合同类别构成情况 ……128
Technology Contract Distribution by Category
9-3 技术合同知识产权构成情况 ……129
Technology Contract Distribution by Intellectual Property Right
9-4 技术合同技术领域构成情况 ……130
Technology Contract Distribution by Technical Field
9-5 技术合同社会-经济目标构成情况 ……131
Technology Contract Distribution by Social and Economic Objectives
9-6 技术合同计划项目构成情况 ……132
Technology Contract Distribution by Science Program Project
9-7 卖方机构构成及交易情况 ……133
Technology Contract Distribution by Technology Seller
9-8 买方机构构成及交易情况 ……134
Technology Contract Distribution by Technology Buyer
9-9 重大技术合同构成情况 ……135
Key Technology Contract Composition

9-10 各省、自治区、直辖市技术合同登记情况 ……136
Technology Contract Distribution by Region
9-11 各省、自治区、直辖市技术交易情况 ……137
Technology Trade Statistics by Region
9-12 计划单列市技术交易情况 ……138
Technology Trade Statistics of the Cities Listed Independently in the State Plan
9-13 副省级城市技术交易情况 ……138
Technology Trade Statistics of the Deputy Provincial Level Cities
9-14 东部地区技术交易情况 ……139
Technology Trade Statistics of the Eastern Region
9-15 中部地区技术交易情况 ……139
Technology Trade Statistics of the Middle Region
9-16 西部地区技术交易情况 ……140
Technology Trade Statistics of the Western Region
9-17 东北地区技术交易情况 ……140
Technology Trade Statistics of the Northeast Region
9-18 环渤海地区技术交易情况 ……141
Technology Trade Statistics of the Bohai Sea Rim Region
9-19 长三角地区技术交易情况 ……141
Technology Trade Statistics of the Yangzi River Delta Region
9-20 珠三角地区技术交易情况 ……141
Technology Trade Statistics of the Pearl River Delta Region
9-21 各地区国家技术转移机构法人构成情况 ……142
Distribution of Organization Type of National Technology Transfer Centers By Region
9-22 各地区国家技术转移机构人员构成情况 ……143
Personnel Statistics of National Technology Transfer Centers By Region
9-23 各地区国家技术转移机构促成技术转移情况 ……144
Technology Transfer Promotion Statistics of National Technology Transfer Centers By Region
9-24 各地区国家技术转移机构服务情况 ……146
Service Statistics of National Technology Transfer Centers By Region
9-25 计划单列市国家技术转移机构法人构成情况 ……147
Distribution of Organization Type of National Technology Transfer Centers of the Cities Listed Independently in the State Plan
9-26 计划单列市国家技术转移机构人员构成情况 ……147
Personnel Statistics of National Technology Transfer Centers of the Cities Listed Independently in the State Plan
9-27 计划单列市国家技术转移机构促成技术转移情况 ……148
Technology Transfer Promotion Statistics of National Technology Transfer Centers of the Cities Listed Independently in the State Plan
9-28 计划单列市国家技术转移机构服务情况 ……149
Service Statistics of National Technology Transfer Centers of the Cities Listed Independently in the State Plan

第十部分　全国生产力促进中心
THE TENTH PART　PRODUCTIVITY PROMOTION CENTERS (PPCS) IN CHINA

10-1　全国生产力促进中心主要经济指标 ······ 153
Main Economic Indicators of Productivity Promotion Centers (PPCs) in China

10-2　各省、自治区、直辖市生产力促进中心基本情况 ······ 154
General Statistics of Productivity Promotion Centers by Region

10-3　各省、自治区、直辖市生产力促进中心服务情况 ······ 155
Service Statistics of Productivity Promotion Centers By Region

10-4　各省、自治区、直辖市生产力促进中心人员情况 ······ 156
Personnel Statistics of Productivity Promotion Centers by Region

10-5　各省、自治区、直辖市生产力促进中心服务业绩情况 ······ 157
Service Achievements of Productivity Promotion Centers by Region

10-6　各省、自治区、直辖市国家级示范生产力促进中心基本情况 ······ 158
General Statistics of State Level Model Productivity Promotion Centers by Region

10-7　各省、自治区、直辖市国家级示范生产力促进中心服务情况 ······ 159
Service Statistics of State Level Productivity Promotion Centers by Region

10-8　各省、自治区、直辖市国家级示范生产力促进中心人员情况 ······ 160
Personnel Statistics of State Level Productivity Promotion Centers by Region

10-9　各省、自治区、直辖市国家级示范生产力促进中心服务业绩情况 ······ 161
Service Achievements of State Level Productivity Promotion Centers by Region

第十一部分　主要指标解释
THE ELEVENTH PART　EXPLANATORY NOTES ON MAIN INDICATORS

主要指标解释 ······ 165
Explanatory Notes on Main Indicators

第一部分

国家高新技术产业开发区

The First Part

National High Technology Industrial Development Zones (National Hi-tech Zones)

1-1 高新区企业主要经济指标[①]

Main Economic Indicators of Enterprises in National Hi-tech Zones

年 份 Year	国家高新区数[②] (个) Number of National S & T Industrial Parks (unit)	入统企业数 (个) Number of Enterprises to Collect Data (unit)	年末从业人员 (万人) Year End Number of Employees (10000 person)	营业收入[③] (亿元) Operating Revenue (100 million yuan)	工业总产值 (亿元) Gross Industrial Output Value (100 million yuan)	净利润 (亿元) Net Profit (100 million yuan)	上缴税额 (亿元) Taxes Submitted (100 million yuan)	出口创汇 (亿美元) Export (100 million USD)
1995	52	12980	99.1	1529.0	1402.6	107.4	69.0	29.3
1996	52	13722	129.1	2300.3	2142.3	140.5	97.7	43.0
1997	53	13681	147.5	3387.8	3109.2	206.6	143.3	64.8
1998	53	16097	183.7	4839.6	4333.6	256.2	220.8	85.3
1999	53	17498	221.0	6775.0	5944.0	398.7	338.6	119.0
2000	53	20796	250.9	9209.3	7942.0	597.0	460.2	185.8
2001	53	24293	294.3	11928.4	10116.8	644.6	640.4	226.6
2002	53	28338	348.7	15326.4	12937.1	801.1	766.4	329.2
2003	53	32857	395.4	20938.7	17257.4	1129.4	990.0	510.2
2004	53	38565	448.4	27466.3	22638.9	1422.8	1239.6	823.8
2005	53	41990	521.2	34415.6	28957.6	1603.2	1615.8	1116.5
2006	53	45828	573.7	43320.0	35899.0	2128.5	1977.1	1361.0
2007	54	48472	650.2	54925.2	44376.9	3159.3	2614.1	1728.1
2008	54	52632	716.5	65985.7	52684.7	3304.2	3198.7	2015.2
2009	56	53692	810.5	78706.9	61151.4	4465.4	3994.6	2007.2
2010	83	55243	960.3	105917.3	84318.2	6855.4	5446.8	2648.0
2011	88	57033	1073.6	133425.1	105679.6	8484.2	6816.7	3180.6
2012	105	63926	1269.5	165689.9	128603.9	10243.2	9580.5	3760.4
2013	114	71180	1460.2	199648.9	151367.6	12443.6	11043.1	4133.3
2014	115	74275	1527.2	226754.5	169936.9	15052.5	13202.1	4351.4
2015	146	82712	1719.0	253662.8	186018.3	16094.8	14240.0	4732.7
2016	146	91093	1805.9	276559.4	196838.7	18535.1	15609.3	4389.5
2017	156	103631	1940.7	307057.5	202826.6	21420.4	17251.2	4780.7
2018	169	120057	2091.6	346213.9	222525.5	23918.1	18650.5	5631.2
2019	169	141147	2213.5	385549.4	240262.0	26097.4	18594.3	5997.2

注：①本年鉴中高新区企业的各项指标指纳入火炬统计的高新区内企业的各项指标。
②苏州工业园区于2006年开始参加国家高新区创新活动并纳入火炬统计，但2006-2017年国家高新区整体数不包含苏州工业园区。从2018年起，国家高新区数据包含苏州工业园区数据。
③2014年进一步规范了报表制度指标及定义，增加了“营业收入”的指标，取消了“总收入”的指标。此列2014年以前所列数据为企业“总收入”汇总数据。

1-2 高新区企业主要经济指标(按地区分类)

Main Economic Indicators of Enterprises in National Hi-tech Zones by Region

地区 Region	国家高新区数量 (个) Number of National Hi-tech Zones (unit)	工商注册企业数 (个) Number of Registered Enterprises (unit)	入统企业数 (个) Number of Enterprises to Collect Data (unit)	高新技术企业数 (个) Number of Hi-tech Enterprises (unit)	年末从业人员 (人) Year End Number of Employees (person)	营业收入 (千元) Operating Revenue (1000 yuan)	工业总产值 (千元) Gross Industrial Output Value (1000 yuan)
合计 Total	**169**	**2866714**	**141147**	**79579**	**22134834**	**38554943142**	**24026197390**
东部地区 Eastern Region	70	1741524	90458	54402	13476177	24219584998	13901341402
中部地区 Middle Region	44	454101	24025	12720	4147159	6823785447	4953276954
西部地区 Western Region	39	525428	19729	9516	3583792	5811430646	3940225320
东北地区 Northeast Region	16	145661	6935	2941	927706	1700142050	1231353714
北京 Beijing	1	480135	24892	15692	2809570	6642217895	1188665910
天津 Tianjin	1	36016	4357	1691	281036	541761048	278027680
河北 Hebei	5	49456	2947	1606	337321	496253088	277656213
山西 Shanxi	2	20547	1664	957	195566	335631459	205116498
内蒙古 Inner Mongolia	3	10041	634	213	188995	305636277	155306015
辽宁 Liaoning	8	89246	4019	1802	441561	669317426	420999396
吉林 Jilin	5	30799	1864	684	296725	674527274	573774041
黑龙江 Heilongjiang	3	25616	1052	455	189420	356297350	236580277
上海 Shanghai	2	57393	8410	6671	1348079	2591541841	1228170176
江苏 Jiangsu	18	369977	15641	7269	2345433	3735069425	3119982920
浙江 Zhejiang	8	221170	6288	3731	1192037	1915592740	1393549926
安徽 Anhui	6	55409	3515	1818	557335	1074012825	753594350
福建 Fujian	7	27763	3217	1714	627481	820603460	763014790
江西 Jiangxi	9	41573	2269	968	471657	893132453	830554759
山东 Shandong	13	181027	5633	2818	1357750	2348077470	1792306563
河南 Henan	7	72290	4694	2169	628842	772985836	528475491
湖北 Hubei	12	196748	7988	4501	1480473	2612148108	1717785229
湖南 Hunan	8	67534	3895	2307	813286	1135874765	917750628
广东 Guangdong	14	316127	18842	13082	3138231	5084090092	3822154489
广西 Guangxi	4	46099	2464	1524	487129	714378759	508816604
海南 Hainan	1	2460	231	128	39239	44377940	37812737
重庆 Chongqing	4	95691	2318	905	432873	534410836	493855535
四川 Sichuan	8	164689	4440	2536	752482	1190388207	850874352
贵州 Guizhou	2	15691	1051	541	240277	270634798	146862486
云南 Yunnan	3	22397	502	283	124931	344552211	264469117
西藏 Tibet							
陕西 Shaanxi	7	122906	6352	2841	854048	1650673032	1279531804
甘肃 Gansu	2	9896	885	371	185832	275196642	120231036
青海 Qinghai	1	2733	99	46	10071	6026204	6766211
宁夏 Ningxia	2	2935	181	29	27240	23849339	19559302
新疆 Xinjiang	3	32350	803	227	279914	495684341	93952856

注：2016年报表制度进行了调整，出口的单位由千美元改为千元，后同。

1-2 续表 continued

单位：千元 (1000 yuan)

地区	Region	净利润 Net Profit	上缴税费 Taxes Submitted	出口总额* Export	年末资产 Year End Assets	年末负债 Year End Liabilities
合计	**Total**	**2609743541**	**1859425131**	**4137147073**	**59564627951**	**34279166666**
东部地区	Eastern Region	1687455407	1072378629	2976233542	39388873876	22631392371
中部地区	Middle Region	444725407	312296768	478566471	8498727586	4882835549
西部地区	Western Region	375393742	335829489	592223294	9547473077	5577048387
东北地区	Northeast Region	102168985	138920246	90123765	2129553412	1187890359
北京	Beijing	351415413	259714064	250733931	13704657306	7989264284
天津	Tianjin	63557034	18377998	33307526	1060344379	592928796
河北	Hebei	28081141	25937307	17054762	832605825	520828661
山西	Shanxi	9166131	9183795	2634427	588849939	421865184
内蒙古	Inner Mongolia	10460480	11557124	10680249	438281153	270494351
辽宁	Liaoning	39619447	30026031	64803622	874338716	452196137
吉林	Jilin	51263120	72786021	12940057	812546924	470292314
黑龙江	Heilongjiang	11286418	36108193	12380086	442667772	265401908
上海	Shanghai	233187346	122645356	286456519	4752835392	2377684635
江苏	Jiangsu	245110244	176979203	855288646	4577856522	2434102905
浙江	Zhejiang	152693422	104700813	234446110	2628882360	1405976058
安徽	Anhui	71505270	66641397	114056700	1406468748	777240962
福建	Fujian	46879406	31851408	163300578	829690337	435497862
江西	Jiangxi	45823636	42166265	79394604	811744807	401040663
山东	Shandong	137095529	110583211	194440514	3004946381	1793164791
河南	Henan	45808944	31840348	39179470	1041313661	583813249
湖北	Hubei	210962640	119392255	156867872	2656633489	1534792977
湖南	Hunan	61458786	43072708	86433398	1993716943	1164082514
广东	Guangdong	426110065	216503645	940240641	7921682804	5041425056
广西	Guangxi	35872779	23671877	67637268	1099162118	691133383
海南	Hainan	3325807	5085623	964315	75372570	40519323
重庆	Chongqing	30530818	17538709	116181443	561113775	317088163
四川	Sichuan	84438136	41418307	223107449	1751001673	1038695219
贵州	Guizhou	7975951	10539570	9235853	1147755973	683494275
云南	Yunnan	18789449	60909254	3704623	501931850	252622567
西藏	Tibet					
陕西	Shaanxi	156012439	131246466	153120712	2308486694	1318562875
甘肃	Gansu	6674783	20963592	4532276	467389971	295206790
青海	Qinghai	207538	265349	85040	12183302	6212047
宁夏	Ningxia	389003	771222	1105657	56438588	32279797
新疆	Xinjiang	24042366	16948019	2832725	1203727982	671258921

1-3 各高新区企业主要经济指标

Main Economic Indicators of Enterprises in National Hi-tech Zones

地区	Region	工商注册企业数（个）Number of Registered Enterprises (unit)	入统企业数（个）Number of Enterprises to Collect Data (unit)	高新技术企业数（个）Number of Hi-tech Enterprises (unit)	年末从业人员（人）Year End Number of Employees (person)	营业收入（千元）Operating Revenue (1000 yuan)	工业总产值（千元）Gross Industrial Output Value (1000 yuan)
合　计	**Total**	**2866714**	**141147**	**79579**	**22134834**	**38554943142**	**24026197390**
北京中关村	Beijing Zhongguancun	480135	24892	15692	2809570	6642217895	1188665910
天津滨海	Tianjin Binhai	36016	4357	1691	281036	541761048	278027680
石家庄	Shijiazhuang	21433	1720	805	159779	212307797	114202806
唐　山	Tangshan	4933	303	201	17345	12535346	11950034
保　定	Baoding	11552	606	443	114657	205849480	110182869
承　德	Chengde	2952	70	56	14629	16820221	14796189
燕　郊	Yanjiao	8586	248	101	30911	48740244	26524315
太　原	Taiyuan	13750	1540	892	149621	300905343	172012226
长　治	Changzhi	6797	124	65	45945	34726117	33104271
呼和浩特	Hohhot	605	26	10	62971	96108179	11226848
包　头	Baotou	8894	561	186	116952	194872314	130331380
鄂尔多斯	Erdos	542	47	17	9072	14655784	13747787
沈　阳	Shenyang	43476	966	589	109194	141165454	53201975
大　连	Dalian	26830	2242	861	190481	258159497	139610382
鞍　山	Anshan	2715	371	113	40205	83943426	70607485
本　溪	Benxi	1306	85	41	9950	6957056	5936677
锦　州	Jinzhou	3017	95	55	21690	22684842	21026474
营　口	Yingkou	8297	107	79	20148	53729800	53163374
阜　新	Fuxin	2558	110	36	16449	12833574	13141402
辽　阳	Liaoyang	1047	43	28	33444	89843778	64311628
长　春	Changchun	13306	860	479	177910	537003693	463972871
长春净月	Changchun Jingyue	11783	303	121	32570	26886123	10155676
吉　林	Jilin	3895	417	39	63942	80323581	74091458
通　化	Tonghua	1181	81	19	12058	12263497	8798587
延　吉	Yanji	634	203	26	10245	18050380	16755449
哈尔滨	Harbin	19359	580	254	97715	175160420	85754689
齐齐哈尔	Qiqihar	320	102	41	24265	33653753	32314679
大　庆	Daqing	5937	370	160	67440	147483178	118510909
上海张江	Shanghai Zhangjiang	53639	8180	6514	1314021	2515706969	1203273374
上海紫竹	Shanghai Zizhu	3754	230	157	34058	75834872	24896802
南　京	Nanjing	43197	3173	1620	362037	677885326	567641186
无　锡	Wuxi	42664	1214	613	269876	432830933	384590198
江　阴	Jiangyin	6805	440	200	89485	177565040	168861806
徐　州	Xuzhou	5241	233	126	59900	112351463	90390930
常　州	Changzhou	43121	1486	523	212832	300192656	247038374
武　进	Wujin	12018	549	330	137019	173000281	117904485
苏　州	Suzhou	37534	1386	685	228346	354741407	310201675
昆　山	Kunshan	35673	836	546	176848	177722437	166634380
苏州工业园区	Suzhou Industrial Park	91166	3171	1386	301010	564532214	444098106
常　熟	Changshu	5380	555	242	77176	118000894	112861332
南　通	Nantong	6345	471	188	103486	257636467	141163799

1-3 续表 1 continued

地区	Region	工商注册企业数（个）Number of Registered Enterprises (unit)	入统企业数（个）Number of Enterprises to Collect Data (unit)	高新技术企业数（个）Number of Hi-tech Enterprises (unit)	年末从业人员（人）Year End Number of Employees (person)	营业收入（千元）Operating Revenue (1000 yuan)	工业总产值（千元）Gross Industrial Output Value (1000 yuan)
连云港	Lianyungang	3760	174	74	40308	67956987	77314012
淮安	Huaian	1957	158	48	18791	15849312	14825871
盐城	Yancheng	6521	397	161	62637	42973220	28866834
扬州	Yangzhou	3920	257	174	36886	38801610	39179193
镇江	ZhenJiang	10162	481	184	54149	72539577	56318954
泰州	Taizhou	12408	488	99	83065	117052835	118354572
宿迁	Suqian	2105	172	70	31582	33436765	33737212
杭州	Hangzhou	64748	2294	1285	378037	709260301	400701590
萧山临江	Xiaoshan Linjiang	38192	1078	456	200682	340413971	289087628
宁波	Ningbo	48242	1122	866	251061	461828709	342621098
温州	Wenzhou	20891	563	394	109011	76831429	77103371
嘉兴	Jiaxing	2286	161	77	61974	82643174	62590926
莫干山	Moganshan	5305	309	154	52993	62321218	54124897
绍兴	Shaoxing	37732	443	249	70724	83507346	76085915
衢州	Quzhou	3774	318	250	67555	98786592	91234502
合肥	Hefei	40421	2429	1189	325514	622210867	422451183
芜湖	Wuhu	3203	275	235	86639	140919042	120629120
蚌埠	Bengbu	4561	402	194	77646	126268273	74790393
淮南	Huainan	2246	100	25	15769	18224989	7671556
马鞍山慈湖	Ma'anshan Cihu	3197	211	114	39579	132187566	96611621
铜陵狮子山	Tongling Shizishan	1781	98	61	12188	34202087	31440476
福州	Fuzhou	5998	391	342	97594	124223596	102417828
厦门	Xiamen	9557	1577	914	251561	360079596	304587404
莆田	Putian	1229	167	42	49138	67835296	67931478
三明	Sanming	703	104	24	18031	39081785	46396645
泉州	Quanzhou	4742	358	239	89151	77662477	88724882
漳州	Zhangzhou	3625	470	111	93605	118394595	117993466
龙岩	Longyan	1909	150	42	28401	33326116	34963086
南昌	Nanchang	11698	618	420	153641	356015782	312629544
景德镇	Jingdezhen	1796	285	111	70810	91712216	81792840
九江共青城	Jiujiang Gongqing City	10949	190	48	25512	31721119	33395277
新余	Xinyu	5469	261	74	69481	162617936	159125678
鹰潭	Yingtan	3571	167	58	26003	61211593	58386344
赣州	Ganzhou	1018	191	60	17583	17666093	15349351
吉安	Ji'an	482	158	50	40058	51363328	52414689
宜春丰城	Yichun Fengcheng	909	189	62	26710	54718851	55776213
抚州	Fuzhou	5681	210	85	41859	66105536	61684823
济南	Jinan	52249	1216	919	317537	561972324	375654670
青岛	Qingdao	15768	711	606	178132	359776546	269878412
淄博	Zibo	14615	525	289	137410	228721155	212246591
枣庄	Zaozhuang	5025	161	12	23648	18809202	8970569
黄河三角洲	Huanghe Delta	545	29	7	3599	46583124	24915730
烟台	Yantai	12309	353	159	57607	78945122	53538108

1-3 续表 2 continued

地 区	Region	工商注册企业数（个）Number of Registered Enterprises (unit)	入统企业数（个）Number of Enterprises to Collect Data (unit)	高新技术企业数（个）Number of Hi-tech Enterprises (unit)	年末从业人员（人）Year End Number of Employees (person)	营业收入（千元）Operating Revenue (1000 yuan)	工业总产值（千元）Gross Industrial Output Value (1000 yuan)
潍 坊	Weifang	18589	620	301	203371	417984916	291483326
济 宁	Jining	24421	636	131	169672	279310911	246225792
泰 安	Tai'an	8660	332	104	57544	77069379	60056961
威 海	Weihai	16277	323	163	125620	170516052	140592335
莱 芜	Laiwu	4704	147	40	12622	11588218	11529365
临 沂	Linyi	7245	376	66	52323	76740965	77683961
德 州	Dezhou	620	204	21	18665	20059557	19530741
郑 州	Zhengzhou	49522	2608	1500	219211	294095383	129465031
洛 阳	Luoyang	5788	995	445	175029	201254213	172587062
平 顶 山	Pingdingshan	2923	126	42	28380	56140083	33334177
安 阳	Anyang	4298	342	43	67984	80102908	65526713
新 乡	Xinxiang	4026	303	86	54749	63846083	62769586
焦 作	Jiaozuo	2836	132	16	41486	47187886	40553691
南 阳	Nanyang	2897	188	37	42003	30359281	24239230
武 汉	Wuhan	93182	3480	2509	574602	1305258903	480868413
黄石大冶湖	Huangshi Dayehu	15240	499	192	84913	110363927	101998617
宜 昌	Yichang	10824	378	308	127134	165139459	128664366
襄 阳	Xiangyang	15386	964	296	199094	360003544	345526588
荆 门	Jingmen	10889	534	266	109734	167771902	174948622
孝 感	Xiaogan	9846	538	204	103357	152002005	135731933
荆 州	Jingzhou	3524	91	17	10655	11215301	10048174
黄 冈	Huanggang	6763	380	279	56409	58395091	59327009
咸 宁	Xianning	12761	428	219	73024	100078954	109956061
随 州	Suizhou	3453	304	103	50200	67491778	71066670
仙 桃	Xiantao	7280	362	80	83667	73329940	72971761
潜 江	Qianjiang	7600	30	28	7684	41097303	26677015
长 沙	Changsha	33776	1873	1377	368766	478283271	356162942
株 洲	Zhuzhou	10032	428	303	168256	259587512	199632806
湘 潭	Xiangtan	3158	346	156	87006	148441080	146228009
衡 阳	Hengyang	8210	213	96	59482	80369341	53273542
常 德	Changde	1788	385	94	46111	52241985	52315439
益 阳	Yiyang	5673	391	114	49257	84371176	82270776
郴 州	Chenzhou	1384	101	59	20743	20457019	17080517
怀 化	Huaihua	3513	158	108	13665	12123380	10786597
广 州	Guangzhou	107433	5282	3599	705326	1172456925	740824589
深 圳	Shenzhen	100843	6011	4348	1005244	1703933398	1108089480
珠 海	Zhuhai	7486	1439	978	254953	340749363	231648548
汕 头	Shantou	1398	296	277	28366	25088924	20614730
佛 山	Foshan	26338	2233	1772	338559	445147911	409758148
江 门	Jiangmen	10572	608	449	112418	116575976	113950183
湛 江	Zhanjiang	6974	101	65	30819	95276501	96890970
茂 名	Maoming	2166	153	94	21326	37316780	33609608
肇 庆	Zhaoqing	2212	260	140	56095	55307275	52627293

地 区	Region	工商注册企业数（个）Number of Registered Enterprises (unit)	入统企业数（个）Number of Enterprises to Collect Data (unit)	高新技术企业数（个）Number of Hi-tech Enterprises (unit)	年末从业人员（人）Year End Number of Employees (person)	营业收入（千元）Operating Revenue (1000 yuan)	工业总产值（千元）Gross Industrial Output Value (1000 yuan)
惠 州	Huizhou	22934	603	398	195853	231363490	214578021
源 城	Yuancheng	1412	141	47	51922	51551608	50714909
清 远	Qingyuan	2741	210	138	61674	75888540	60586050
东 莞	Dongguan	8720	733	310	126909	568442640	547336347
中 山	Zhongshan	14898	772	467	148767	164990762	140925614
南 宁	Nanning	25089	1019	646	205083	269837932	130780464
柳 州	Liuzhou	2715	680	531	130613	260881924	216243970
桂 林	Guilin	17680	636	304	108503	101256585	87798899
北 海	Beihai	615	129	43	42930	82402318	73993270
海 口	Haikou	2460	231	128	39239	44377940	37812737
重 庆	Chongqing	78921	1442	546	238751	337447178	306540166
璧 山	Bishan	11752	294	171	58279	40875049	41643611
荣 昌	Rongchang	3495	248	72	51435	51138487	50928772
永 川	Yongchuan	1523	334	116	84408	104950122	94742986
成 都	Chengdu	138787	2650	2036	409934	703240003	452205241
自 贡	Zigong	8910	296	57	43405	54322196	53011951
攀枝花	Panzhihua	629	141	13	18192	43525149	43421081
泸 州	Luzhou	2180	434	114	57813	83177708	64130903
德 阳	Deyang	1804	238	61	33726	56684234	56426196
绵 阳	Mianyang	10020	278	151	115765	150492833	82490921
内 江	Neijiang	1313	126	40	17970	26720402	28311225
乐 山	Leshan	1046	277	64	55677	72225680	70876835
贵 阳	Guiyang	14674	901	479	214482	246854580	118026479
安 顺	Anshun	1017	150	62	25795	23780219	28836007
昆 明	Kunming	13454	328	217	87619	226755581	146534196
玉 溪	Yuxi	3441	100	36	27699	98353829	97462272
楚 雄	Chuxiong	5502	74	30	9613	19442801	20472649
西 安	Xi'an	92288	4752	2513	547793	1164033620	847974556
宝 鸡	Baoji	12211	746	173	160305	216694973	217670511
杨 凌	Yangling	6554	229	34	28637	25372619	18664735
咸 阳	Xianyang	1078	103	46	28184	55600146	52117149
渭 南	Weinan	2672	125	23	21482	47430983	34611316
榆 林	Yulin	5368	140	30	37910	100209300	68337874
安 康	Ankang	2735	257	22	29737	41331392	40155664
兰 州	Lanzhou	9170	672	308	126019	182266554	69957432
白 银	Baiyin	726	213	63	59813	92930089	50273605
青 海	Qinghai	2733	99	46	10071	6026204	6766211
银 川	Yinchuan	2757	96	9	12269	9010220	7119507
石嘴山	Shizuishan	178	85	20	14971	14839119	12439794
乌鲁木齐	Urumqi	30671	542	181	249111	421789136	44149705
昌 吉	Changji	1072	226	26	12898	25686636	18730470
新疆兵团	Xinjiang Corps	607	35	20	17905	48208570	31072681

1-3 续表 4 continued

单位：千元 (1000 yuan)

地 区	Region	净利润 Net Profit	上缴税费 Taxes Submitted	出口总额 Export	年末资产 Year End Assets	年末负债 Year End Liabilities
合 计	**Total**	**2609743541**	**1859425131**	**4137147073**	**59564627951**	**34279166666**
北京中关村	Beijing Zhongguancun	351415413	259714064	250733931	13704657306	7989264284
天津滨海	Tianjin Binhai	63557034	18377998	33307526	1060344379	592928796
石家庄	Shijiazhuang	18766843	12092953	8494775	463406024	282222767
唐 山	Tangshan	943441	826125	451385	19020549	7457864
保 定	Baoding	4701554	9400815	7436818	271209805	177430995
承 德	Chengde	559970	776272	111423	23098909	13982330
燕 郊	Yanjiao	3109333	2841142	560361	55870537	39734704
太 原	Taiyuan	6406513	5743361	2341885	498029092	364030317
长 治	Changzhi	2759618	3440434	292542	90820847	57834867
呼和浩特	Hohhot	6626579	5742939	1435356	67200296	38301615
包 头	Baotou	3197250	5246525	7235719	313281339	194698131
鄂尔多斯	Erdos	636651	567660	2009174	57799518	37494606
沈 阳	Shenyang	6340147	4619384	7490549	211237114	97185102
大 连	Dalian	13664181	11809549	42626995	307984163	178874732
鞍 山	Anshan	13262632	6672591	3719749	90206698	45815830
本 溪	Benxi	253892	578088	510651	10835799	5856314
锦 州	Jinzhou	621365	957352	1696603	34154629	19585365
营 口	Yingkou	5061703	2211598	6776128	73370135	32565019
阜 新	Fuxin	625685	402063	1301234	22443188	15228489
辽 阳	Liaoyang	-210157	2775407	681713	124106990	57085287
长 春	Changchun	40818132	47836014	11205408	450990413	244586459
长春净月	Changchun Jingyue	4393850	1945894	430514	245804781	177575892
吉 林	Jilin	4841024	13623694	859097	60927895	24604951
通 化	Tonghua	1442782	945771	217441	32882185	13056572
延 吉	Yanji	-232669	8434648	227597	21941651	10468440
哈尔滨	Harbin	6235383	12847255	8115905	279822564	167340524
齐齐哈尔	Qiqihar	1170867	1744037	1391670	45681190	27102118
大 庆	Daqing	3880168	21516902	2872511	117164018	70959266
上海张江	Shanghai Zhangjiang	218641270	118267865	277089082	4606747559	2314387565
上海紫竹	Shanghai Zizhu	14546076	4377491	9367438	146087833	63297070
南 京	Nanjing	26600228	35720229	82844968	847383512	445666622
无 锡	Wuxi	29300814	17873392	157681863	516341317	226195103
江 阴	Jiangyin	8859831	6881273	32236960	217643309	131989897
徐 州	Xuzhou	8498250	5804983	5352500	65127038	29071638
常 州	Changzhou	21599478	10729619	45932684	405748336	228904897
武 进	Wujin	18759400	11776979	21331173	444399902	317919858
苏 州	Suzhou	12709855	11999371	169511703	391141089	205604812
昆 山	Kunshan	10745632	7297758	55997335	223657439	117015382
苏州工业园区	Suzhou Industrial Park	45092064	33279140	192794448	674618920	331760698
常 熟	Changshu	6680369	4267118	28005532	145687301	72506328
南 通	Nantong	29996869	11752899	35424015	141720984	72519531
连云港	Lianyungang	15461041	7036262	3140657	94925664	33209497

1-3 续表 5 continued

单位：千元 (1000 yuan)

地区	Region	净利润 Net Profit	上缴税费 Taxes Submitted	出口总额 Export	年末资产 Year End Assets	年末负债 Year End Liabilities
淮安	Huaian	-34484	645525	904897	25090493	11741226
盐城	Yancheng	1578585	1387551	5915377	46868894	27353512
扬州	Yangzhou	2089911	1847642	5590388	54333350	32810889
镇江	ZhenJiang	1957585	1914243	6852710	93686237	58134048
泰州	Taizhou	3944927	5740883	2047618	150075300	72186538
宿迁	Suqian	1269890	1024336	3723819	39407437	19512430
杭州	Hangzhou	60265370	40769342	54580870	1116287842	643786122
萧山临江	Xiaoshan Linjiang	16492113	12977568	40340838	440389346	267443315
宁波	Ningbo	40960340	31457992	73646918	558856267	267305844
温州	Wenzhou	11018001	3811858	11554216	101412565	46004987
嘉兴	Jiaxing	9208950	5077973	18507474	111189709	42988759
莫干山	Moganshan	4570505	2966709	12599357	86268810	36700340
绍兴	Shaoxing	4149732	3557444	15055722	104881915	47490884
衢州	Quzhou	6028411	4081927	8160715	109595906	54255807
合肥	Hefei	51283446	48185188	91624360	735571379	357304734
芜湖	Wuhu	6657483	5026865	11809120	246753787	146797272
蚌埠	Bengbu	7433920	8802593	2502225	223076053	153288183
淮南	Huainan	420639	457603	66352	47746639	28059573
马鞍山慈湖	Ma'anshan Cihu	4686523	3483072	6059845	135357458	83183407
铜陵狮子山	Tongling Shizishan	1023260	686075	1994799	17963432	8607794
福州	Fuzhou	9391263	4892018	11583489	150444052	69826856
厦门	Xiamen	18007380	13913359	123414518	381871631	207625531
莆田	Putian	3896337	1893313	4095369	39417569	16709426
三明	Sanming	546212	498992	910248	21600380	13814178
泉州	Quanzhou	3924198	2976681	6831265	117194845	60765012
漳州	Zhangzhou	9990000	6215340	15181125	77444675	42178713
龙岩	Longyan	1124015	1461705	1284564	41717184	24578147
南昌	Nanchang	15214591	24533832	29286264	324935291	161865587
景德镇	Jingdezhen	1919622	2117012	8458832	120067075	85890144
九江共青城	Jiujiang Gongqing City	2823214	518946	2042485	35772030	11304118
新余	Xinyu	8864118	4150201	7761296	135938169	58828731
鹰潭	Yingtan	3672902	2153769	2502886	38027772	8483558
赣州	Ganzhou	981701	597335	1810115	21727206	12055169
吉安	Ji'an	3846513	1284200	23700618	33136432	18183953
宜春丰城	Yichun Fengcheng	3939051	3917092	1333387	34320973	17115911
抚州	Fuzhou	4561925	2893878	2498721	67819860	27313492
济南	Jinan	28831493	32334181	32119812	779550650	486774171
青岛	Qingdao	27482451	16981935	51699333	569291020	353394657
淄博	Zibo	11373439	21726390	17337330	240685791	116168438
枣庄	Zaozhuang	689490	768619	1348482	32155971	24351979
黄河三角洲	Huanghe Delta	580114	1013582	29290	27609196	17581528
烟台	Yantai	6602982	3177891	7280178	175115375	116043503
潍坊	Weifang	23722386	12056131	33230232	468649252	303204338

1-3 续表 6 continued

单位：千元 (1000 yuan)

地区	Region	净利润 Net Profit	上缴税费 Taxes Submitted	出口总额 Export	年末资产 Year End Assets	年末负债 Year End Liabilities
济宁	Jining	13976307	8880949	14631413	312929156	163629811
泰安	Tai'an	2776157	3170540	2766254	117828321	78633755
威海	Weihai	15338621	7822823	28356032	197219238	83523482
莱芜	Laiwu	394377	345099	1167178	17064237	8357742
临沂	Linyi	5022712	1561413	2585178	30281386	15181795
德州	Dezhou	305000	743658	1889801	36566789	26319592
郑州	Zhengzhou	18319314	9839086	15565004	413648902	244210139
洛阳	Luoyang	5218589	8130700	10396322	339785291	193355815
平顶山	Pingdingshan	2214330	1719912	2119846	80392377	46846658
安阳	Anyang	4544392	7280626	2510931	84677233	50508135
新乡	Xinxiang	10250943	2619483	5026687	53201348	16061022
焦作	Jiaozuo	2797180	807869	1891110	22467894	10043610
南阳	Nanyang	2464196	1442672	1669570	47140616	22787871
武汉	Wuhan	118494256	69603459	103291737	1442899795	874888527
黄石大冶湖	Huangshi Dayehu	6816535	3319013	4119528	207880266	112843201
宜昌	Yichang	10996538	7613854	12868618	256376522	159868805
襄阳	Xiangyang	31209161	14180654	6290669	269878524	141097396
荆门	Jingmen	15377700	6214472	6490115	124717631	60528404
孝感	Xiaogan	7733912	7350663	2843411	94114711	49299410
荆州	Jingzhou	329555	360706	505864	13301356	8229056
黄冈	Huanggang	3049291	3276502	3490924	56711164	30834941
咸宁	Xianning	9364809	3347179	2904127	67925025	30239810
随州	Suizhou	3715437	1673046	4068835	49503123	25888134
仙桃	Xiantao	3081697	1931884	9343793	49993918	25408433
潜江	Qianjiang	793747	520823	650251	23331455	15666858
长沙	Changsha	37045754	18391835	45217089	992102432	575360787
株洲	Zhuzhou	11135916	11365040	11618173	551880502	330919353
湘潭	Xiangtan	7761802	5553967	10092085	155032960	88866377
衡阳	Hengyang	3093948	2579720	10958358	139719800	78320830
常德	Changde	2692036	1210628	1074574	67447646	37837348
益阳	Yiyang	3332038	3080361	4171443	41315518	20461961
郴州	Chenzhou	-4045458	394530	3230798	31028950	22610650
怀化	Huaihua	442750	496627	70878	15189133	9705207
广州	Guangzhou	87845917	55205286	115328174	1606663607	743927451
深圳	Shenzhen	204122900	71333615	321175995	3853107042	2819534071
珠海	Zhuhai	29694921	17422028	72494489	525903605	314260024
汕头	Shantou	1907733	1211322	3529047	46182667	19588161
佛山	Foshan	39943403	20668833	69757544	486837272	258177086
江门	Jiangmen	6675597	4468686	35474214	144751281	57344348
湛江	Zhanjiang	11764637	9411060	7478773	154186264	103571924
茂名	Maoming	2157869	1461038	1898790	27418212	13777219
肇庆	Zhaoqing	2613905	2288168	7283252	62709771	36075182

1-3 续表 7 continued

单位：千元 (1000 yuan)

地 区	Region	净利润 Net Profit	上缴税费 Taxes Submitted	出口总额 Export	年末资产 Year End Assets	年末负债 Year End Liabilities
惠 州	Huizhou	14123494	9993576	87936256	294554842	168225462
源 城	Yuancheng	1820913	1562525	9721052	36899768	24108827
清 远	Qingyuan	3290188	2514090	8621297	107911659	79773192
东 莞	Dongguan	13395638	12977124	138371881	377008263	294151023
中 山	Zhongshan	6752950	5986295	61169879	197548553	108911087
南 宁	Nanning	14932832	7148001	34032897	723912573	450056552
柳 州	Liuzhou	5144866	9324778	8293124	226942481	165129809
桂 林	Guilin	7550449	5695376	9186506	102108961	49994918
北 海	Beihai	8244631	1503721	16124741	46198103	25952104
海 口	Haikou	3325807	5085623	964315	75372570	40519323
重 庆	Chongqing	12909515	7838354	101023378	357928196	211466134
璧 山	Bishan	2750654	1473925	6840164	44231346	25128576
荣 昌	Rongchang	4905263	3041837	4159323	33380891	10508999
永 川	Yongchuan	9965385	5184593	4158578	125573342	69984455
成 都	Chengdu	62731204	26512077	191933612	1234465935	733987156
自 贡	Zigong	2460514	1975410	4036886	77299516	44799380
攀 枝 花	Panzhihua	3957921	1469147	499432	29302594	19429172
泸 州	Luzhou	5279027	3232742	2320522	69996357	36243130
德 阳	Deyang	2661465	1253811	1897180	33367681	20172335
绵 阳	Mianyang	1493331	3879581	16581918	205077118	134293601
内 江	Neijiang	2170778	934570	1516097	18040128	9131680
乐 山	Leshan	3683895	2160969	4321802	83452343	40638765
贵 阳	Guiyang	7273547	9546872	8489904	1108130277	658987374
安 顺	Anshun	702405	992698	745949	39625696	24506901
昆 明	Kunming	10819029	6755370	1810046	345071194	215219471
玉 溪	Yuxi	7529809	53744957	1800975	143771295	29669465
楚 雄	Chuxiong	440610	408928	93602	13089361	7733631
西 安	Xi'an	110823643	87107869	137614570	1568677717	937867901
宝 鸡	Baoji	7473771	12707088	6684876	220791935	142112680
杨 凌	Yangling	2381093	883913	532377	49039923	32136647
咸 阳	Xianyang	2908728	9515398	6055715	100572658	47158889
渭 南	Weinan	3401445	1509820	1808786	72760941	31209838
榆 林	Yulin	21619524	17468983	10831	267780003	117520440
安 康	Ankang	7404235	2053395	413558	28863517	10556479
兰 州	Lanzhou	5970785	18710254	3900791	354065449	226235469
白 银	Baiyin	703998	2253339	631484	113324522	68971320
青 海	Qinghai	207538	265349	85040	12183302	6212047
银 川	Yinchuan	-407154	147147	297320	26147338	16075970
石 嘴 山	Shizuishan	796157	624075	808337	30291249	16203827
乌鲁木齐	Urumqi	21101746	14413716	1193301	1071707534	597207100
昌 吉	Changji	1317031	726079	1543104	57622059	26318401
新疆兵团	Xinjiang Corps	1623589	1808224	96320	74398389	47733420

1-4 各高新区企业收入情况

Revenue Statistics of Enterprises in National Hi-tech Zones

单位：千元 (1000 yuan)

地　区	Region	营业收入 Operating Revenue	技术收入 Technical Income	产品销售收入 Product Sales Income	商品销售收入 Commodity Sales Income
合　计	**Total**	**38554943142**	**4734393065**	**27275923016**	**3696387767**
北京中关村	Beijing Zhongguancun	6642217895	1345078786	1908516224	2025389995
天津滨海	Tianjin Binhai	541761048	58748231	338370408	62071046
石家庄	Shijiazhuang	212307797	42393204	134046767	28776158
唐　山	Tangshan	12535346	758544	10963923	471027
保　定	Baoding	205849480	3253287	185593283	6584236
承　德	Chengde	16820221	583867	15767861	24706
燕　郊	Yanjiao	48740244	1061334	33818595	139083
太　原	Taiyuan	300905343	12602646	278519564	3816202
长　治	Changzhi	34726117	131295	31787726	886512
呼和浩特	Hohhot	96108179	131549	94894286	
包　头	Baotou	194872314	7750983	176463624	5921339
鄂尔多斯	Erdos	14655784	216850	13198440	529340
沈　阳	Shenyang	141165454	38367076	69450212	26369867
大　连	Dalian	258159497	26034905	176977587	46655890
鞍　山	Anshan	83943426	11215660	71604857	225767
本　溪	Benxi	6957056	118043	6436484	324700
锦　州	Jinzhou	22684842	189324	20812140	524977
营　口	Yingkou	53729800	220232	51506370	84450
阜　新	Fuxin	12833574	109984	12583498	63182
辽　阳	Liaoyang	89843778	9543	64979667	23166771
长　春	Changchun	537003693	17812042	463125450	45350105
长春净月	Changchun Jingyue	26886123	1298032	21338906	1852017
吉　林	Jilin	80323581	743580	75214885	15390
通　化	Tonghua	12263497	7585	8507514	3617214
延　吉	Yanji	18050380	105422	16795580	863214
哈尔滨	Harbin	175160420	24373850	140207940	8493793
齐齐哈尔	Qiqihar	33653753	162280	32068021	6984
大　庆	Daqing	147483178	3692736	134381404	3418072
上海张江	Shanghai Zhangjiang	2515706969	479320766	1812549835	127629695
上海紫竹	Shanghai Zizhu	75834872	19140171	44273652	6199551
南　京	Nanjing	677885326	48811905	573184857	13288352
无　锡	Wuxi	432830933	12831778	407511804	4248408
江　阴	Jiangyin	177565040	2953277	159707392	1463504
徐　州	Xuzhou	112351463	381906	111058294	341054
常　州	Changzhou	300192656	46372820	241393144	5793350
武　进	Wujin	173000281	4227467	112946605	49083447
苏　州	Suzhou	354741407	15821730	318863589	12008070
昆　山	Kunshan	177722437	2361942	166833428	4295325
苏州工	Suzhou Industrial Park	564532214	46793513	435060623	38067008
常　熟	Changshu	118000894	1907441	113094567	1006678
南　通	Nantong	257636467	6434732	244975810	4250369
连云港	Lianyungang	67956987	468160	65908542	564542

1-4 续表 1 continued

单位：千元 (1000 yuan)

地 区	Region	营业收入 Operating Revenue	技术收入 Technical Income	产品销售收入 Product Sales Income	商品销售收入 Commodity Sales Income
淮 安	Huaian	15849312	185456	14765713	459236
盐 城	Yancheng	42973220	248603	38381898	2788620
扬 州	Yangzhou	38801610	1133775	35884317	222797
镇 江	ZhenJiang	72539577	1672855	60634911	1013660
泰 州	Taizhou	117052835	2261481	109904243	3328761
宿 迁	Suqian	33436765	239893	32357861	360826
杭 州	Hangzhou	709260301	199377731	437248850	49790000
萧山临江	Xiaoshan Linjiang	340413971	3913158	306424263	14289417
宁 波	Ningbo	461828709	27755361	342575442	77483373
温 州	Wenzhou	76831429	3714545	71978356	326147
嘉 兴	Jiaxing	82643174	379456	70442871	6376031
莫 干 山	Moganshan	62321218	1292316	57063997	3167793
绍 兴	Shaoxing	83507346	623310	78711161	2452292
衢 州	Quzhou	98786592	205397	94863241	498814
合 肥	Hefei	622210867	131190417	462665629	11468701
芜 湖	Wuhu	140919042	2521978	130574713	2585914
蚌 埠	Bengbu	126268273	2814709	111582867	8281380
淮 南	Huainan	18224989	189094	17137274	288438
马鞍山慈湖	Ma'anshan Cihu	132187566	15928923	105407642	199187
铜陵狮子山	Tongling Shizishan	34202087	268345	32166461	316470
福 州	Fuzhou	124223596	21106980	96485434	3219654
厦 门	Xiamen	360079596	22767582	302319295	18473786
莆 田	Putian	67835296	120054	67504455	161375
三 明	Sanming	39081785	22549	38542016	392639
泉 州	Quanzhou	77662477	959092	72597058	1547715
漳 州	Zhangzhou	118394595	254614	115732903	672975
龙 岩	Longyan	33326116	127663	32653415	174224
南 昌	Nanchang	356015782	18363117	327731319	2225146
景 德 镇	Jingdezhen	91712216	3467115	87109362	46613
九江共青城	Jiujiang Gongqing City	31721119	2029475	29568763	71833
新 余	Xinyu	162617936	1094821	160307180	733117
鹰 潭	Yingtan	61211593	666466	56030398	3850492
赣 州	Ganzhou	17666093	219762	16385640	596506
吉 安	Ji'an	51363328	20049	50931708	293773
宜春丰城	Yichun Fengcheng	54718851	190265	53596743	641170
抚 州	Fuzhou	66105536	1296820	63582832	361746
济 南	Jinan	561972324	73849095	477472913	2817031
青 岛	Qingdao	359776546	35307554	304278580	7370995
淄 博	Zibo	228721155	8970874	211056964	2834396
枣 庄	Zaozhuang	18809202	216681	13597850	4056336
黄河三角洲	Huanghe Delta	46583124	7356	37999472	8359914
烟 台	Yantai	78945122	5402630	70245172	1828411
潍 坊	Weifang	417984916	2468256	399676941	550411

1-4 续表 2 continued

单位：千元 (1000 yuan)

地 区	Region	营业收入 Operating Revenue	技术收入 Technical Income	产品销售收入 Product Sales Income	商品销售收入 Commodity Sales Income
济 宁	Jining	279310911	664938	261586851	11287208
泰 安	Tai'an	77069379	12005058	54450824	6678465
威 海	Weihai	170516052	7051554	160684688	1552847
莱 芜	Laiwu	11588218	39333	10873266	234834
临 沂	Linyi	76740965	110081	76333763	139245
德 州	Dezhou	20059557	8868	18944527	146106
郑 州	Zhengzhou	294095383	47168378	215843009	15260930
洛 阳	Luoyang	201254213	5417518	187739434	1035560
平 顶 山	Pingdingshan	56140083	466896	33956764	1750743
安 阳	Anyang	80102908	743483	77736270	650227
新 乡	Xinxiang	63846083	533003	61671809	947251
焦 作	Jiaozuo	47187886	1439446	44274420	1243640
南 阳	Nanyang	30359281	2766075	25451188	1485746
武 汉	Wuhan	1305258903	427468677	699879317	86857223
黄石大冶湖	Huangshi Dayehu	110363927	562046	102600847	1386109
宜 昌	Yichang	165139459	9501514	148319779	1913816
襄 阳	Xiangyang	360003544	18426083	332714787	3149222
荆 门	Jingmen	167771902	3061865	160808813	1911921
孝 感	Xiaogan	152002005	1248507	149313972	675858
荆 州	Jingzhou	11215301	375746	10014619	140009
黄 冈	Huanggang	58395091	224593	56233751	295572
咸 宁	Xianning	100078954	3378910	94834471	1364744
随 州	Suizhou	67491778	6389	63538663	2612622
仙 桃	Xiantao	73329940	1008780	71007131	930815
潜 江	Qianjiang	41097303	14325	41030780	18468
长 沙	Changsha	478283271	56770541	356574153	46868324
株 洲	Zhuzhou	259587512	4943297	228534290	15656487
湘 潭	Xiangtan	148441080	16199159	129165362	352318
衡 阳	Hengyang	80369341	8159914	65726730	166717
常 德	Changde	52241985	150561	48704752	2210675
益 阳	Yiyang	84371176	6705733	76818695	577910
郴 州	Chenzhou	20457019	139224	19853909	162394
怀 化	Huaihua	12123380	715045	10637379	230681
广 州	Guangzhou	1172456925	195538418	912318007	23534621
深 圳	Shenzhen	1703933398	408147307	1157992888	60639829
珠 海	Zhuhai	340749363	11753476	308379459	4857904
汕 头	Shantou	25088924	1319035	22931983	510814
佛 山	Foshan	445147911	17979052	404994796	8182844
江 门	Jiangmen	116575976	519195	111802712	1204262
湛 江	Zhanjiang	95276501	690266	91826786	273031
茂 名	Maoming	37316780	597096	34273185	1939550
肇 庆	Zhaoqing	55307275	277376	54361452	61401

1-4 续表 3 continued

单位：千元 (1000 yuan)

地区	Region	营业收入 Operating Revenue	技术收入 Technical Income	产品销售收入 Product Sales Income	商品销售收入 Commodity Sales Income
惠州	Huizhou	231363490	12597486	209042841	2303310
源城	Yuancheng	51551608	514439	48800631	45386
清远	Qingyuan	75888540	1977680	63551763	7381098
东莞	Dongguan	568442640	4008299	528638147	4817924
中山	Zhongshan	164990762	2399938	147056102	11051999
南宁	Nanning	269837932	49761190	196555901	3126899
柳州	Liuzhou	260881924	1681940	243907200	1166133
桂林	Guilin	101256585	11316021	79954530	7013682
北海	Beihai	82402318	489210	80198243	982926
海口	Haikou	44377940	1754492	37774242	4020376
重庆	Chongqing	337447178	27903013	282932751	10241524
璧山	Bishan	40875049	1336610	38168325	559683
荣昌	Rongchang	51138487	545192	48206954	2036558
永川	Yongchuan	104950122	3079324	95109783	3979525
成都	Chengdu	703240003	173615630	471432193	37104325
自贡	Zigong	54322196	734477	50733048	1034968
攀枝花	Panzhihua	43525149	331094	41028728	1036132
泸州	Luzhou	83177708	1675936	77476412	3152232
德阳	Deyang	56684234	239094	55874028	123431
绵阳	Mianyang	150492833	2010304	145945490	1416203
内江	Neijiang	26720402	1594362	23056177	845650
乐山	Leshan	72225680	412887	65630184	5138943
贵阳	Guiyang	246854580	28000141	174342216	19795919
安顺	Anshun	23780219	467032	22732218	119258
昆明	Kunming	226755581	6534592	148395010	68874373
玉溪	Yuxi	98353829	60030	86851899	134130
楚雄	Chuxiong	19442801	285180	18965496	75597
西安	Xi'an	1164033620	186437461	791371859	66002013
宝鸡	Baoji	216694973	1766441	193887677	13145160
杨凌	Yangling	25372619	5506469	16218160	1485933
咸阳	Xianyang	55600146	3713903	48105255	729647
渭南	Weinan	47430983	41551	29595601	16545582
榆林	Yulin	100209300	1209648	85259256	10084156
安康	Ankang	41331392	9149430	17217069	10563168
兰州	Lanzhou	182266554	16472469	87974942	9745666
白银	Baiyin	92930089	65705	90975767	218996
青海	Qinghai	6026204	130899	5816740	57866
银川	Yinchuan	9010220	267145	6841441	536856
石嘴山	Shizuishan	14839119	106593	12874439	28473
乌鲁木齐	Urumqi	421789136	19393227	70660978	226282174
昌吉	Changji	25686636	626023	21097049	3368960
新疆兵团	Xinjiang Corps	48208570	39593	29454504	18056483

1-5 各高新区企业人员情况

Personnel Statistics of Enterprises in National Hi-tech Zones

单位：人 (person)

地 区	Region	年末从业人员 Year End Number of Employees	留学归国人员 Returned Overseas Scholars	外籍常驻人员 Foreign Personnel in Residence	大专以上 College and Higher Level
合 计	**Total**	**22134834**	**170759**	**77918**	**13068849**
北京中关村	Beijing Zhongguancun	2809570	47452	5503	2253419
天津滨海	Tianjin Binhai	281036	991	581	180077
石家庄	Shijiazhuang	159779	614	155	124326
唐 山	Tangshan	17345	61	61	10368
保 定	Baoding	114657	512	502	68530
承 德	Chengde	14629	16		8862
燕 郊	Yanjiao	30911	152	180	14127
太 原	Taiyuan	149621	310	16	93182
长 治	Changzhi	45945	42	22	21654
呼和浩特	Hohhot	62971	248	6	43639
包 头	Baotou	116952	128	50	61982
鄂尔多斯	Erdos	9072	20	8	4648
沈 阳	Shenyang	109194	558	61	85409
大 连	Dalian	190481	3540	886	137158
鞍 山	Anshan	40205	317	69	24738
本 溪	Benxi	9950	34	9	4549
锦 州	Jinzhou	21690	13	15	8478
营 口	Yingkou	20148	35	15	8558
阜 新	Fuxin	16449	3	1	5073
辽 阳	Liaoyang	33444	15		12425
长 春	Changchun	177910	1679	882	121510
长春净月	Changchun Jingyue	32570	213	41	20010
吉 林	Jilin	63942	239	88	41121
通 化	Tonghua	12058	5		5283
延 吉	Yanji	10245	17	112	6085
哈尔滨	Harbin	97715	284	24	62912
齐齐哈尔	Qiqihar	24265	2		11654
大 庆	Daqing	67440	23	185	36743
上海张江	Shanghai Zhangjiang	1314021	19309	8824	956680
上海紫竹	Shanghai Zizhu	34058	939	654	28574
南 京	Nanjing	362037	2960	751	249624
无 锡	Wuxi	269876	1273	2077	128065
江 阴	Jiangyin	89485	448	279	38075
徐 州	Xuzhou	59900	88	41	50455
常 州	Changzhou	212832	1698	1418	104443
武 进	Wujin	137019	426	329	66072
苏 州	Suzhou	228346	1293	1614	107934
昆 山	Kunshan	176848	386	1030	66036
苏州工	Suzhou Industrial Park	301010	10712	9987	224755
常 熟	Changshu	77176	257	722	27689
南 通	Nantong	103486	440	116	63997
连云港	Lianyungang	40308	117	23	28334

1-5 续表 1 continued

单位：人 (person)

地　区	Region	年末从业人员 Year End Number of Employees	留学归国人员 Returned Overseas Scholars	外籍常驻人员 Foreign Personnel in Residence	大专以上 College and Higher Level
淮　安	Huaian	18791	20	206	7447
盐　城	Yancheng	62637	86	98	17586
扬　州	Yangzhou	36886	313	82	22199
镇　江	ZhenJiang	54149	107	45	26297
泰　州	Taizhou	83065	300	130	53720
宿　迁	Suqian	31582	40	16	11336
杭　州	Hangzhou	378037	3772	930	307109
萧山临江	Xiaoshan Linjiang	200682	449	413	83276
宁　波	Ningbo	251061	1808	1416	126714
温　州	Wenzhou	109011	719	40	37063
嘉　兴	Jiaxing	61974	92	235	20653
莫干山	Moganshan	52993	142	122	18098
绍　兴	Shaoxing	70724	78	27	23734
衢　州	Quzhou	67555	33	29	16853
合　肥	Hefei	325514	9983	2940	219874
芜　湖	Wuhu	86639	137	89	43172
蚌　埠	Bengbu	77646	87	44	36623
淮　南	Huainan	15769	8		6532
马鞍山慈湖	Ma'anshan Cihu	39579	33	22	18630
铜陵狮子山	Tongling Shizishan	12188	5	1	5306
福　州	Fuzhou	97594	339	181	66325
厦　门	Xiamen	251561	1338	1261	135081
莆　田	Putian	49138	112	375	9196
三　明	Sanming	18031	3	6	2770
泉　州	Quanzhou	89151	94	124	25851
漳　州	Zhangzhou	93605	39	82	16821
龙　岩	Longyan	28401	16	7	6541
南　昌	Nanchang	153641	1814	320	99048
景德镇	Jingdezhen	70810	245	73	25397
九江共青城	Jiujiang Gongqing City	25512	5	2	6663
新　余	Xinyu	69481	464	239	20012
鹰　潭	Yingtan	26003	236	101	9229
赣　州	Ganzhou	17583	120	65	6621
吉　安	Ji'an	40058	63	268	13990
宜春丰城	Yichun Fengcheng	26710	3	6	6370
抚　州	Fuzhou	41859	53	27	20041
济　南	Jinan	317537	907	300	230600
青　岛	Qingdao	178132	785	164	97924
淄　博	Zibo	137410	177	48	68425
枣　庄	Zaozhuang	23648	22	22	7967
黄河三角洲	Huanghe Delta	3599			1920
烟　台	Yantai	57607	551	121	28136
潍　坊	Weifang	203371	316	175	84766

单位：人 (person)

地 区	Region	年末从业人员 Year End Number of Employees	留学归国人员 Returned Overseas Scholars	外籍常驻人员 Foreign Personnel in Residence	大专以上 College and Higher Level
济 宁	Jining	169672	201	134	76197
泰 安	Tai'an	57544	49	11	27966
威 海	Weihai	125620	805	649	58202
莱 芜	Laiwu	12622	1	5	5640
临 沂	Linyi	52323	86	38	22256
德 州	Dezhou	18665	14	23	4927
郑 州	Zhengzhou	219211	554	130	159092
洛 阳	Luoyang	175029	302	15	83488
平 顶 山	Pingdingshan	28380	66	13	16566
安 阳	Anyang	67984	189	47	33460
新 乡	Xinxiang	54749	77	55	23390
焦 作	Jiaozuo	41486	379	37	17716
南 阳	Nanyang	42003	25	4	22226
武 汉	Wuhan	574602	6037	4917	477199
黄石大冶湖	Huangshi Dayehu	84913	32	19	22040
宜 昌	Yichang	127134	164	135	55827
襄 阳	Xiangyang	199094	369	2502	89616
荆 门	Jingmen	109734	288	53	49897
孝 感	Xiaogan	103357	96	69	44283
荆 州	Jingzhou	10655	5	1	3605
黄 冈	Huanggang	56409	23	98	24197
咸 宁	Xianning	73024	144	12	33223
随 州	Suizhou	50200	40	1	9460
仙 桃	Xiantao	83667	19	39	12853
潜 江	Qianjiang	7684	7	6	3796
长 沙	Changsha	368766	2083	913	230473
株 洲	Zhuzhou	168256	329	133	98974
湘 潭	Xiangtan	87006	217	50	42944
衡 阳	Hengyang	59482	90	76	25145
常 德	Changde	46111	28	10	11615
益 阳	Yiyang	49257	542	192	21785
郴 州	Chenzhou	20743	10	25	6529
怀 化	Huaihua	13665	3	5	5265
广 州	Guangzhou	705326	3899	2466	425633
深 圳	Shenzhen	1005244	12183	2831	668687
珠 海	Zhuhai	254953	617	516	91221
汕 头	Shantou	28366	47	6	10163
佛 山	Foshan	338559	2322	1273	130827
江 门	Jiangmen	112418	100	172	31193
湛 江	Zhanjiang	30819	41	18	14644
茂 名	Maoming	21326	63	3	7987
肇 庆	Zhaoqing	56095	69	78	14798

1-5 续表 3 continued

单位：人 (person)

地 区	Region	年末从业人员 Year End Number of Employees	留学归国人员 Returned Overseas Scholars	外籍常驻人员 Foreign Personnel in Residence	大专以上 College and Higher Level
惠 州	Huizhou	195853	301	764	74318
源 城	Yuancheng	51922	50	75	19145
清 远	Qingyuan	61674	73	67	14882
东 莞	Dongguan	126909	629	153	59727
中 山	Zhongshan	148767	219	1091	44255
南 宁	Nanning	205083	276	166	102393
柳 州	Liuzhou	130613	185	37	62723
桂 林	Guilin	108503	237	123	51090
北 海	Beihai	42930	25	83	17807
海 口	Haikou	39239	57	24	21772
重 庆	Chongqing	238751	416	374	84123
璧 山	Bishan	58279	277	205	24467
荣 昌	Rongchang	51435	49	42	10620
永 川	Yongchuan	84408	14	47	21253
成 都	Chengdu	409934	3928	1152	320741
自 贡	Zigong	43405	40	53	14214
攀枝花	Panzhihua	18192	4	1	4395
泸 州	Luzhou	57813	20	56	23563
德 阳	Deyang	33726	15	7	15385
绵 阳	Mianyang	115765	74	79	48142
内 江	Neijiang	17970	94	90	6560
乐 山	Leshan	55677	110	38	15643
贵 阳	Guiyang	214482	243	123	118605
安 顺	Anshun	25795	7		10949
昆 明	Kunming	87619	97	16	44371
玉 溪	Yuxi	27699	40	3	16257
楚 雄	Chuxiong	9613	32		3410
西 安	Xi'an	547793	5919	6433	479354
宝 鸡	Baoji	160305	183	55	76292
杨 凌	Yangling	28637	13	21	12462
咸 阳	Xianyang	28184	50	79	16692
渭 南	Weinan	21482	10	3	9176
榆 林	Yulin	37910	11	5	22689
安 康	Ankang	29737	46	24	13830
兰 州	Lanzhou	126019	329	42	70743
白 银	Baiyin	59813	13	9	21133
青 海	Qinghai	10071	46	6	6348
银 川	Yinchuan	12269	3	31	2842
石嘴山	Shizuishan	14971	4	37	7097
乌鲁木齐	Urumqi	249111	197	174	139834
昌 吉	Changji	12898	23	161	6985
新疆兵团	Xinjiang Corps	17905	2		8388

1-6 各国家高新区企业R&D活动与科技活动情况

R&D Activities and Science and Technology Activities of Enterprises in National Hi-tech Zones by Region

地 区	Region	科技活动人员（人） Personnel Engaged in Science and Technology Activities (person)	R&D人员（人） R&D Personnel (person)	R&D人员全时当量（人年） R&D Personnel Full Time Equivalent (man year)	科技活动经费内部支出（千元） Intramural Expenditures on Science and Technology Activities (1000 yuan)	R&D经费内部支出（千元） Intramural Expenditure on R&D (1000 yuan)
合 计	**Total**	**4659444**	**2641454**	**1819811**	**1611570962**	**825922057**
北京中关村	Beijing Zhongguancun	863167	297486	188989	415031829	110781372
天津滨海	Tianjin Binhai	54244	35244	21235	13085757	7511574
石家庄	Shijiazhuang	32986	18439	12199	8297560	5996947
唐 山	Tangshan	3757	1553	763	498466	277491
保 定	Baoding	24670	10020	6829	6200108	2824112
承 德	Chengde	1525	401	192	216128	32837
燕 郊	Yanjiao	3262	958	579	852012	295472
太 原	Taiyuan	32970	7227	4496	7310456	1576681
长 治	Changzhi	5202	3714	3001	1066252	685093
呼和浩特	Hohhot	2661	563	288	1224585	175718
包 头	Baotou	17492	9862	8125	5855361	3286887
鄂尔多斯	Erdos	1730	331	229	336176	33307
沈 阳	Shenyang	19153	16044	9554	3897966	3101614
大 连	Dalian	34767	16230	8416	9915879	3317220
鞍 山	Anshan	8462	7024	4203	3206331	2526563
本 溪	Benxi	1573	945	582	206073	101890
锦 州	Jinzhou	2223	1405	806	471735	323024
营 口	Yingkou	3334	2806	2070	1769977	1361444
阜 新	Fuxin	1154	589	354	187279	95995
辽 阳	Liaoyang	2606	2032	1424	610811	441032
长 春	Changchun	31586	17128	9752	9902967	6804148
长春净月	Changchun Jingyue	4243	1128	713	640358	262749
吉 林	Jilin	8092	4770	3921	1565218	760498
通 化	Tonghua	2621	1483	782	435120	142836
延 吉	Yanji	561	164	85	68453	6592
哈尔滨	Harbin	13781	7702	5430	2976013	1239437
齐齐哈尔	Qiqihar	3572	2611	962	729990	252576
大 庆	Daqing	3733	662	371	606097	103107
上海张江	Shanghai Zhangjiang	413987	117586	83419	153778877	47870933
上海紫竹	Shanghai Zizhu	12556	3091	2075	6385027	1142228
南 京	Nanjing	107592	76260	50987	32436008	21845501
无 锡	Wuxi	40189	34437	24433	12481943	9079955
江 阴	Jiangyin	14021	8278	6756	5396498	2936013
徐 州	Xuzhou	9189	7373	5698	2766070	1767917
常 州	Changzhou	24724	20404	15775	7393130	5830570
武 进	Wujin	19511	17330	14229	4350421	3694730
苏 州	Suzhou	38028	23856	18388	11148535	6214123
昆 山	Kunshan	26183	14780	11554	6730592	3715819
苏州工	Suzhou Industrial Park	87632	84702	66787	28111728	25692702
常 熟	Changshu	8230	7818	5229	3341484	2894199
南 通	Nantong	7945	5365	4463	3824848	1897827
连云港	Lianyungang	8043	6027	4503	6634230	5227013

1-6 续表 1 continued

地 区	Region	科技活动人员（人）Personnel Engaged in Science and Technology Activities (person)	R&D人员（人）R&D Personnel (person)	R&D人员全时当量（人年）R&D Personnel Full Time Equivalent (man year)	科技活动经费内部支出（千元）Intramural Expenditures on Science and Technology Activities (1000 yuan)	R&D经费内部支出（千元）Intramural Expenditure on R&D (1000 yuan)
淮 安	Huaian	2398	1087	683	689851	190433
盐 城	Yancheng	4506	2488	1726	1060115	535717
扬 州	Yangzhou	6796	5579	4226	1711184	1355433
镇 江	ZhenJiang	7338	3070	1670	2129732	844192
泰 州	Taizhou	5436	1889	1146	2537434	623366
宿 迁	Suqian	3831	3325	2202	1022063	882840
杭 州	Hangzhou	130800	56353	46101	49391385	26826438
萧山临江	Xiaoshan Linjiang	24310	16577	10534	7696716	4802795
宁 波	Ningbo	52872	40019	26774	15368317	11085095
温 州	Wenzhou	16226	10007	6101	3038511	1794315
嘉 兴	Jiaxing	7832	4731	2952	2305112	1334413
莫 干 山	Moganshan	7286	6438	4215	1710272	1350729
绍 兴	Shaoxing	11066	6288	4655	3009339	1636054
衢 州	Quzhou	9845	6930	3265	2843596	1785083
合 肥	Hefei	100010	45098	32879	34070604	18305722
芜 湖	Wuhu	21251	15839	8926	6665005	4325877
蚌 埠	Bengbu	9826	6690	5217	2537178	1330426
淮 南	Huainan	1778	1312	794	241137	179497
马鞍山慈湖	Ma'anshan Cihu	7264	6664	4641	3270808	2671410
铜陵狮子山	Tongling Shizishan	1792	1043	501	443556	315414
福 州	Fuzhou	29389	14817	9794	6528924	3252754
厦 门	Xiamen	54387	52081	33856	11543791	9903762
莆 田	Putian	2405	1337	918	703930	244734
三 明	Sanming	1011	711	512	252086	175663
泉 州	Quanzhou	10135	4745	3312	2108015	1112542
漳 州	Zhangzhou	7364	5186	3621	2401942	1471680
龙 岩	Longyan	2739	2166	1690	894964	544517
南 昌	Nanchang	34038	27487	16517	10328666	7940005
景 德 镇	Jingdezhen	9576	6553	3773	3878344	1975184
九江共青城	Jiujiang Gongqing City	1112	920	482	481705	305227
新 余	Xinyu	6028	4820	3779	1916695	1268534
鹰 潭	Yingtan	3464	3133	2657	1163667	1050015
赣 州	Ganzhou	2455	1142	743	470794	239138
吉 安	Ji'an	5514	4618	1655	1497179	1027984
宜春丰城	Yichun Fengcheng	3067	2738	1542	993135	732664
抚 州	Fuzhou	5343	5244	3315	1721697	1554333
济 南	Jinan	66972	59820	40782	15978637	13329313
青 岛	Qingdao	37700	23576	14074	14024908	9445797
淄 博	Zibo	19337	14032	9814	5450438	3717972
枣 庄	Zaozhuang	1177	1029	747	247210	209727
黄河三角洲	Huanghe Delta	241	186	82	85791	33059
烟 台	Yantai	8186	4816	3429	3766025	2716502
潍 坊	Weifang	27626	17627	11101	9471558	5888431

1-6 续表 2 continued

地　区	Region	科技活动人员(人) Personnel Engaged in Science and Technology Activities (person)	R&D人员(人) R&D Personnel (person)	R&D人员全时当量(人年) R&D Personnel Full Time Equivalent (man year)	科技活动经费内部支出(千元) Intramural Expenditures on Science and Technology Activities (1000 yuan)	R&D经费内部支出(千元) Intramural Expenditure on R&D (1000 yuan)
济　宁	Jining	12008	6465	4138	4197952	1750557
泰　安	Tai'an	8306	6096	3752	2204326	1413633
威　海	Weihai	18139	12596	8262	4618480	2773212
莱　芜	Laiwu	1594	743	478	342248	130984
临　沂	Linyi	4309	2705	1842	1600060	992548
德　州	Dezhou	1898	1379	909	448781	292152
郑　州	Zhengzhou	56120	17342	12396	11865861	3420916
洛　阳	Luoyang	34416	26902	22045	9066346	6140397
平顶山	Pingdingshan	4407	2519	2109	1443885	385886
安　阳	Anyang	5763	4464	3912	1058756	717726
新　乡	Xinxiang	6342	4472	3062	2364770	1893085
焦　作	Jiaozuo	3150	754	537	1186941	163383
南　阳	Nanyang	5799	3546	2795	1149696	593422
武　汉	Wuhan	155330	136087	104045	58430383	38053521
黄石大冶湖	Huangshi Dayehu	8330	5155	3570	1868304	827540
宜　昌	Yichang	22775	17671	13892	6271907	4669023
襄　阳	Xiangyang	32745	30228	22960	9980876	8454817
荆　门	Jingmen	18124	7848	5016	5058132	1813442
孝　感	Xiaogan	11920	4852	3306	3625465	1762498
荆　州	Jingzhou	898	371	194	392710	105599
黄　冈	Huanggang	8103	3864	2506	1737865	648900
咸　宁	Xianning	8757	4752	3226	2268051	1311521
随　州	Suizhou	3552	1270	881	997743	194263
仙　桃	Xiantao	4115	1765	1594	928514	281596
潜　江	Qianjiang	1414	506	269	1296252	868161
长　沙	Changsha	75138	57156	37800	20248562	15568848
株　洲	Zhuzhou	30327	22003	13665	10317792	7274803
湘　潭	Xiangtan	12411	7773	4985	5930280	2700317
衡　阳	Hengyang	7159	3635	1891	2141819	1196762
常　德	Changde	3650	1670	1021	1466074	592266
益　阳	Yiyang	6717	4248	2972	3512823	1873380
郴　州	Chenzhou	2639	695	407	602067	182873
怀　化	Huaihua	1995	935	521	410289	184332
广　州	Guangzhou	184116	138452	84454	53660288	40856619
深　圳	Shenzhen	305627	206800	149889	121215953	87512514
珠　海	Zhuhai	53900	51517	33010	13808058	11510765
汕　头	Shantou	5697	3554	2055	1113509	628955
佛　山	Foshan	64735	41369	25068	14278241	8897693
江　门	Jiangmen	15963	13012	7264	3840119	2811453
湛　江	Zhanjiang	4461	1969	1113	2911217	1132077
茂　名	Maoming	4020	3406	2038	843963	599582
肇　庆	Zhaoqing	7956	4355	2454	2007905	971167

1-6 续表 3 continued

地区	Region	科技活动人员（人）Personnel Engaged in Science and Technology Activities (person)	R&D人员（人）R&D Personnel (person)	R&D人员全时当量（人年）R&D Personnel Full Time Equivalent (man year)	科技活动经费内部支出（千元）Intramural Expenditures on Science and Technology Activities (1000 yuan)	R&D经费内部支出（千元）Intramural Expenditure on R&D (1000 yuan)
惠州	Huizhou	25809	17345	12100	7324300	4995514
源城	Yuancheng	3592	2526	2047	560386	357636
清远	Qingyuan	8147	3371	1960	2093259	1054793
东莞	Dongguan	25656	17820	15577	18467588	16159890
中山	Zhongshan	19008	13595	7292	4014416	2288780
南宁	Nanning	27443	12867	6514	5959935	2415762
柳州	Liuzhou	26307	15340	10386	8859388	4634662
桂林	Guilin	11795	6231	3604	2136913	949629
北海	Beihai	4120	1578	1182	1490599	546013
海口	Haikou	5505	2550	1582	1274992	477381
重庆	Chongqing	31787	25951	15174	7536421	5464446
璧山	Bishan	7316	4990	3081	1598002	1068903
荣昌	Rongchang	3519	3087	2079	1014982	813160
永川	Yongchuan	7119	4750	3042	2152865	1577439
成都	Chengdu	115192	72465	49778	33627461	24427377
自贡	Zigong	5273	3255	2106	1237266	823908
攀枝花	Panzhihua	1179	445	298	456578	84923
泸州	Luzhou	4297	2673	1894	937807	555094
德阳	Deyang	3168	2304	1533	651281	439589
绵阳	Mianyang	17430	14253	11428	5193398	3997997
内江	Neijiang	2270	1533	889	530808	319812
乐山	Leshan	3372	2299	1018	1003482	685081
贵阳	Guiyang	26796	12109	7513	6190174	2604880
安顺	Anshun	3603	1497	938	767576	225088
昆明	Kunming	10536	4105	2240	2445329	966224
玉溪	Yuxi	2891	1803	624	1093914	290401
楚雄	Chuxiong	1325	676	437	457976	319750
西安	Xi'an	190610	99533	89240	64545315	33163080
宝鸡	Baoji	22965	14255	9887	4873574	2864700
杨凌	Yangling	1858	428	197	439427	102665
咸阳	Xianyang	4015	1766	835	744574	266834
渭南	Weinan	1670	1204	810	501420	235954
榆林	Yulin	2937	576	526	1353572	202308
安康	Ankang	769	164	68	510131	48364
兰州	Lanzhou	13164	2335	1526	2529367	289938
白银	Baiyin	3600	1997	1357	782430	284880
青海	Qinghai	1095	401	306	146488	26836
银川	Yinchuan	689	424	223	200662	78257
石嘴山	Shizuishan	1995	1131	626	489787	250545
乌鲁木齐	Urumqi	6327	1510	741	1706324	375381
昌吉	Changji	1354	669	465	535256	296734
新疆兵团	Xinjiang Corps	2430	706	341	825907	295726

1-7 高新区企业主要经济指标(按登记注册类型分类)
Main Economic Indicators of Enterprises in National Hi-tech Zones by Registration Category

企业登记注册类型 Registration Category	入统企业数(个) Number of Enterprises to Collect Data (unit)	高新技术企业数(个) Number of Hi-tech Enterprises (unit)	年末从业人员(人) Year End Number of Employees (person)	营业收入(千元) Operating Revenue (1000 yuan)	工业总产值(千元) Gross Industrial Output Value (1000 yuan)
合　计 **Total**	**141147**	**79579**	**22134834**	**38554943142**	**24026197390**
国有企业 State-owned Enterprises	2864	1456	1841587	4064449342	2185773285
集体企业 Collective-owned Enterprises	276	62	117958	232731011	177892484
股份合作企业 Cooperative Enterprises	452	206	50432	50167567	47364984
联营企业 Joint Ownership Enterprises	109	49	13242	14322459	11317811
有限责任公司 Limited Liability Corporations	44082	25754	6723944	12404679087	6430195448
股份有限公司 Share-holding Corporations Ltd.	9685	7148	3479735	5991340381	3785261083
私营企业 Private Enterprises	69814	39315	4981826	6068542165	4206882299
港澳台投资企业 Enterprises with Funds from HongKong, Macao and Taiwan	4815	2281	2088028	3759142800	2276994214
外商投资企业 Foreign Funded Enterprises	8252	2931	2735374	5842609377	4804494770

1-7 续表 continued

单位：千元 (1000 yuan)

企业登记注册类型 Registration Category	净利润 Net Profit	上缴税费 Taxes Submitted	出口总额 Export	年末资产 Year End Assets	年末负债 Year End Liabilities
合　计 **Total**	**2609743541**	**1859425131**	**4137147073**	**59564627951**	**34279166666**
国有企业 State-owned Enterprises	250474516	229739209	119715664	7803432443	4445149594
集体企业 Collective-owned Enterprises	21155879	12927969	31316742	385746830	258323491
股份合作企业 Cooperative Enterprises	2680839	1692627	3757314	78735833	39950750
联营企业 Joint Ownership Enterprises	552468	431924	93547	21208703	11761750
有限责任公司 Limited Liability Corporations	716760603	574378225	742930374	19584468331	12333372835
股份有限公司 Share-holding Corporations Ltd.	527030109	321958998	528922992	14493492648	7787138381
私营企业 Private Enterprises	305082956	225528986	485162249	6782665664	3983395579
港澳台投资企业 Enterprises with Funds from HongKong, Macao and Taiwan	371504040	148774542	691982773	4665513004	2484114209
外商投资企业 Foreign Funded Enterprises	406082494	340181130	1508832690	5613008060	2863937752

1-8 高新区企业收入情况(按登记注册类型分类)

Revenue Statistics of Enterprises in National Hi-tech Zones by Registration Category

单位：千元 (1000 yuan)

企业登记注册类型 Registration Category	营业收入 Operating Revenue	技术收入 Technical Income	产品销售收入 Product Sales Income	商品销售收入 Commodity Sales Income
合　计 Total	**38554943142**	**4734393065**	**27275923016**	**3696387767**
国有企业 State-owned Enterprises	4064449342	552958232	2915899655	300166213
集体企业 Collective-owned Enterprises	232731011	17292317	201432743	1253557
股份合作企业 Cooperative Enterprises	50167567	4116434	43295470	938125
联营企业 Joint Ownership Enterprises	14322459	1291121	12027490	169928
有限责任公司 Limited Liability Corporations	12404679087	1886540726	7635479572	1543579505
股份有限公司 Share-holding Corporations Ltd.	5991340381	608739168	4480723425	414792948
私营企业 Private Enterprises	6068542165	720081053	4623899899	333598112
港澳台投资企业 Enterprises with Funds from HongKong, Macao and Taiwan	3759142800	595342078	2355570630	667032231
外商投资企业 Foreign Funded Enterprises	5842609377	334011692	4903194052	429298109

1-9 高新区企业人员情况(按登记注册类型分类)

Personnel of Statistics Enterprises in National Hi-tech Zones by Registration Category

单位：人 (person)

企业登记注册类型 Registration Category	年末从业人员 Year End Number of Employees	留学归国人员 Returned Overseas Scholars	外籍常驻人员 Foreign Personnel in Residence	大专以上 College and Higher Level
合　计 Total	**22134834**	**170759**	**77918**	**13068849**
国有企业 State-owned Enterprises	1841587	22210	4636	1221165
集体企业 Collective-owned Enterprises	117958	508	113	48628
股份合作企业 Cooperative Enterprises	50432	122	33	28086
联营企业 Joint Ownership Enterprises	13242	61	21	7736
有限责任公司 Limited Liability Corporations	6723944	46199	11158	4155368
股份有限公司 Share-holding Corporations Ltd.	3479735	24671	9856	2237339
私营企业 Private Enterprises	4981826	27845	9021	2802069
港澳台投资企业 Enterprises with Funds from HongKong, Macao and Taiwan	2088028	19573	10886	1107599
外商投资企业 Foreign Funded Enterprises	2735374	28534	31497	1404523

1-10 高新区企业主要经济指标(按企业划型标准分类)
Main Economic Indicators of Enterprises in National Hi-tech Zones by the Enterprise Scale

企业规模 Enterprise Scale	入统企业数(个) Number of Enterprises to Collect Data (unit)	高新技术企业数(个) Number of Hi-tech Enterprises (unit)	年末从业人员(人) Year End Number of Employees (person)	营业收入(千元) Operating Revenue (1000 yuan)	工业总产值(千元) Gross Industrial Output Value (1000 yuan)
合　计 Total	**141147**	**79579**	**22134834**	**38554943142**	**24026197390**
大型企业 Large Enterprises	4764	3122	10346587	22983458788	13927930305
中型企业 Medium Enterprises	18263	10909	6375145	10922472898	6862565957
小型企业 Small Enterprises	80667	48765	5038957	4338027478	3172089420
微型企业 Micro Enterprises	37453	16783	374145	310983977	63611707

1-10 续表 continued

单位：千元 (1000 yuan)

企业规模 Enterprise Scale	净利润 Net Profit	上缴税费 Taxes Submitted	出口总额 Export	年末资产 Year End Assets	年末负债 Year End Liabilities
合　计 Total	**2609743541**	**1859425131**	**4137147073**	**59564627951**	**34279166666**
大型企业 Large Enterprises	1644503828	1200215153	2717695748	33922293673	20870330410
中型企业 Medium Enterprises	792681377	456660604	1074856302	16580238814	8803475078
小型企业 Small Enterprises	175265999	189637854	334737759	7756209256	3931941787
微型企业 Micro Enterprises	-2707663	12911519	9857265	1305886207	673419392

1-11　高新区企业收入情况(按企业划型标准分类)
Revenue Statistics of Enterprises in National Hi-tech Zones by the Enterprise Scale

单位：千元　　　　(1000 yuan)

企业规模 Enterprise Scale	营业收入 Operating Revenue	技术收入 Technical Income	产品销售收入 Product Sales Income	商品销售收入 Commodity Sales Income
合　计 Total	**38554943142**	**4734393065**	**27275923016**	**3696387767**
大型企业 Large Enterprises	22983458788	2886468912	16253205897	2017067504
中型企业 Medium Enterprises	10922472898	1232753114	7582475228	1414816516
小型企业 Small Enterprises	4338027478	501961641	3326217538	235942016
微型企业 Micro Enterprises	310983977	113209397	114024354	28561731

1-12　高新区企业人员情况(按企业划型标准分类)
Personnel Statistics of Enterprises in National Hi-tech Zones by the Enterprise Scale

单位：人　　　　(person)

企业规模 Enterprise Scale	年末从业人员 Year End Number of Employees	留学归国人员 Returned Overseas Scholars	外籍常驻人员 Foreign Personnel in Residence	大专以上 College and Higher Level
合　计 Total	**22134834**	**170759**	**77918**	**13068849**
大型企业 Large Enterprises	10346587	90852	41733	6393937
中型企业 Medium Enterprises	6375145	43467	19057	3582925
小型企业 Small Enterprises	5038957	30046	15279	2808493
微型企业 Micro Enterprises	374145	6394	1849	283494

1-13 高新区高技术产业制造业企业主要经济指标(按行业类别分类)

Main Indicators of Enterprises in Hi-tech Manufacture Fields in National Hi-tech Zones by Industry Field

行业类别 Industry Field	入统企业数 (个) Number of Enterprises to Collect Data (unit)	高新技术企业数 (个) Number of Hi-tech Enterprises (unit)	年末从业人员 (人) Year End Number of Employees (person)	营业收入 (千元) Operating Revenue (1000 yuan)	工业总产值 (千元) Gross Industrial Output Value (1000 yuan)
合 计 Total	**18166**	**12364**	**4663437**	**7394143624**	**7326683773**
医药制造业 Manufacture of Medicines	2747	1817	767531	1005108360	1035257368
航空、航天器及设备制造业 Manufacture of Aircrafts and Spacecrafts and Related Equipment	444	342	206859	207094146	203793388
电子及通信设备制造业 Manufacture of Electronic Equipment and Communication Equipment	8030	5394	2607353	4526014956	4437873700
计算机及办公设备制造业 Manufacture of Computers and Office Equipment	1117	715	494528	1058372340	1053934929
医疗仪器设备及仪器仪表制造业 Manufacture of Medical Equipments and Measuring Instrument	5771	4073	576010	584283968	582608007
信息化学品制造业 Manufacture of Information Chemicals	57	23	11156	13269854	13216381

1-13 续表 continued

单位：千元 (1000 yuan)

行业类别 Industry Field	净利润 Net Profit	上缴税费 Taxes Submitted	出口总额 Export	年末资产 Year End Assets	年末负债 Year End Liabilities
合 计 Total	**526811879**	**299197933**	**2315098916**	**9376351275**	**4778082197**
医药制造业 Manufacture of Medicines	138093672	97276442	55158428	1651199431	647744391
航空、航天器及设备制造业 Manufacture of Aircrafts and Spacecrafts and Related Equipment	15916161	4102676	15642145	457877090	255117468
电子及通信设备制造业 Manufacture of Electronic Equipment and Communication Equipment	261098822	133379434	1616403815	5528487165	2999392483
计算机及办公设备制造业 Manufacture of Computers and Office Equipment	43937816	27887189	525235781	809885042	499531401
医疗仪器设备及仪器仪表制造业 Manufacture of Medical Equipments and Measuring Instrument	67399481	36039078	100410442	902126346	367064219
信息化学品制造业 Manufacture of Information Chemicals	365929	513114	2248306	26776202	9232235

1-14 高新区高技术产业服务业企业主要经济指标(按行业类别分类)
Main Indicators of Enterprises in Hi-tech Service Fields in National Hi-tech Zones by Industry Field

行业类别 Industry Field	入统企业数 (个) Number of Enterprises to Collect Data (unit)	高新技术企业数 (个) Number of Hi-tech Enterprises (unit)	年末从业人员 (人) Year End Number of Employees (person)	营业收入 (千元) Operating Revenue (1000 yuan)
合　计 **Total**	**55513**	**35962**	**4652299**	**5366257226**
信息服务 Information Service	38330	26071	3344666	3796468970
电子商务服务 E-commerce Service	84	69	20878	55546117
检验检测服务 Inspection and Testing Service	1302	901	133714	61337013
专业技术服务业的高技术服务 Hi-tech Service in Professional Technology Service	1873	1108	457485	752345753
研发与设计服务 R&D and Design Service	4542	2497	355434	359290890
科技成果转化服务 Technology Results Transfer Service	7793	4229	256718	253759627
知识产权及相关法律服务 IPR and Related Legal Service	286	79	16878	8304889
环境监测及治理服务 Environmental Monitoring and Control	1303	1008	66526	79203968

1-14 续表 continued

单位：千元 (1000 yuan)

行业类别 Industry Field	净利润 Net Profit	上缴税费 Taxes Submitted	出口总额 Export	年末资产 Year End Assets	年末负债 Year End Liabilities
合　计 **Total**	**459371009**	**243066418**	**214943398**	**11402642571**	**6576174832**
信息服务 Information Service	372685864	180635079	149949633	7641847936	4471793896
电子商务服务 E-commerce Service	3091286	1555280	5051	155516182	124726032
检验检测服务 Inspection and Testing Service	10003225	4056745	367679	106564638	45534005
专业技术服务业的高技术服务 Hi-tech Service in Professional Technology Service	53274260	31197681	31727218	1663453445	974921987
研发与设计服务 R&D and Design Service	11938176	11233812	24499589	891125189	441875750
科技成果转化服务 Technology Results Transfer Service	1440927	9892856	7942316	693967272	375284870
知识产权及相关法律服务 IPR and Related Legal Service	608302	493555	232412	10002501	4466203
环境监测及治理服务 Environmental Monitoring and Control	6328968	4001409	219500	240165408	137572087

第二部分

全国高新技术企业

The Second Part

High Technology Enterprises in China

2-1 全国高新技术企业主要经济指标

Main Economic Indicators of High-tech Enterprises

年 份 Year	入统企业数（个） Number of Enterprises to Collect Data (unit)	年末从业人员（万人） Year End Number of Employees (10000 person)	营业收入*（亿元） Operating Revenue (100 million yuan)	工业总产值（亿元） Gross Industrial Output Value (100 million yuan)	净利润（亿元） Net Profit (100 million yuan)	上缴税额（亿元） Taxes Submitted (100 million yuan)	出口创汇（亿美元） Export (100 million USD)
1996	12547	214.2	4029.6	3810.8	304.2	222.0	73.5
1997	12794	248.7	5630.4	5301.6	402.4	288.6	101.5
1998	15206	309.4	7624.1	7361.8	464.4	424.2	132.7
1999	17118	364.5	10936.7	10558.8	742.7	792.8	203.0
2000	20867	442.3	15648.7	14757.9	1149.7	904.5	329.2
2001	24153	511.7	19930.4	18767.2	1305.9	1279.6	395.4
2002	28504	601.8	25502.2	23877.0	1509.2	1460.1	569.1
2003	33392	729.5	35332.5	32996.0	2129.7	1925.7	900.9
2004	39490	863.8	48100.5	44615.8	2900.5	2366.1	1515.0
2005	43249	1016.1	59714.1	55780.8	3387.5	2901.2	2050.9
2006	49166	1182.6	76493.0	71840.5	4427.5	3842.3	2646.3
2007	56047	1452.2	104770.5	95911.5	6684.1	4851.4	3683.5
2008	51476	1275.0	105115.2	96546.2	5853.6	5804.8	3563.8
2009	25386	1003.3	86192.6	93319.1	6328.5	4281.5	2492.5
2010	31858	1313.6	129505.2	119022.0	9806.7	6262.1	3594.9
2011	39343	1508.3	156223.1	140338.9	10997.8	7378.7	4520.5
2012	45313	1621.3	167743.9	152235.3	10892.0	8377.7	4608.3
2013	54683	1810.2	193837.4	175106.4	12825.2	9277.4	4915.8
2014	62556	1914.8	217304.8	211335.9	14399.2	10674.8	5068.6
2015	76141	2045.2	222234.1	189757.5	14894.8	11052.1	4768.7
2016	100012	2360.7	261093.9	212268.8	18859.7	13159.1	4694.9
2017	130632	2735.5	318374.1	243898.0	23217.1	15578.3	5600.7
2018	172262	3131.6	389203.7	288706.3	26140.3	18000.8	6801.4
2019	218544	3437.0	450957.7	324137.4	27340.7	17988.0	7114.1

注：2014年报表制度进一步规范指标及定义，取消了“总收入”的指标，增加了“营业收入”的指标。此列2014年以前所列数据为企业总收入的汇总数据。

2-2 各地区高新技术企业主要经济指标

Main Economic Indicators of High-tech Enterprises by Region

地 区	Region	入统企业数 (个) Number of Enterprises to Collect Data (unit)	年末从业人员 (人) Year End Number of Employees (person)	营业收入 (千元) Operating Revenue (1000 yuan)	工业总产值 (千元) Gross Industrial Output Value (1000 yuan)
合 计	**Total**	**218544**	**34369917**	**45095773703**	**32413738184**
东部地区	Eastern Region	156210	23320768	30258257250	21263727324
中部地区	Middle Region	32742	5951492	7918885705	5994080244
西部地区	Western Region	21524	3900261	5401071687	3909681216
东北地区	Northeast Region	8068	1197396	1517559061	1246249401
北 京	Beijing	23190	2565435	3802465348	774536309
天 津	Tianjin	6013	644967	1004250595	546122607
河 北	Hebei	7611	1287957	1976625926	1671075935
山 西	Shanxi	2485	423704	554655841	381836445
内 蒙 古	Inner Mongolia	896	297733	572441034	459828229
辽 宁	Liaoning	5147	741991	992640239	800168794
吉 林	Jilin	1691	231812	278223827	243329238
黑 龙 江	Heilongjiang	1230	223593	246694995	202751368
上 海	Shanghai	12619	1784780	3028118810	1372501950
江 苏	Jiangsu	23946	3810008	4897187075	4414137191
浙 江	Zhejiang	16152	3217250	3636538872	2895564088
安 徽	Anhui	6547	1112106	1308024511	1108570877
福 建	Fujian	4767	838714	803490895	715325403
江 西	Jiangxi	5066	944126	1268373107	1079568927
山 东	Shandong	11358	2026615	2744530617	2338643768
河 南	Henan	4749	980514	1033039527	825318265
湖 北	Hubei	7686	1314593	2129611836	1373690843
湖 南	Hunan	6209	1176449	1625180882	1225094886
广 东	Guangdong	49991	7077300	8288437399	6478506304
广 西	Guangxi	2366	410228	703781663	517599968
海 南	Hainan	563	67742	76611714	57313769
重 庆	Chongqing	3105	692590	917630327	702169080
四 川	Sichuan	5594	943059	1066401538	717925592
贵 州	Guizhou	1620	216067	243657719	160101903
云 南	Yunnan	1454	237360	445055610	282391381
西 藏	Tibet	66	16797	23133880	14945209
陕 西	Shaanxi	4357	668573	900630579	657349918
甘 肃	Gansu	1045	156666	162262110	108258118
青 海	Qinghai	176	49345	69834147	48223627
宁 夏	Ningxia	201	52310	55926775	52588475
新 疆	Xinjiang	644	159533	240316306	188299716

注： 2016年报表制度进行了调整，出口的单位由千美元改为千元，后同。

2-2 续表 continued

单位：千元 (1000 yuan)

地 区	Region	净利润 Net Profit	上缴税费 Taxes Submitted	出口总额* Export	年末资产 Year End Assets	年末负债 Year End Liabilities
合 计	**Total**	**2734065456**	**1798801948**	**4907633949**	**65434490132**	**36892022218**
东部地区	Eastern Region	2028632321	1226192773	4029988092	44113109860	24339364579
中部地区	Middle Region	434107827	302853084	538493086	10394270708	6032588486
西部地区	Western Region	198089329	210210932	252542947	8395480633	5027270169
东北地区	Northeast Region	73235978	59545159	86609824	2531628931	1492798984
北 京	Beijing	191973464	150082306	127310440	7338898124	4109919567
天 津	Tianjin	45605017	31507388	87874008	1679495026	944906681
河 北	Hebei	88001897	82558956	91066755	2670124903	1664142944
山 西	Shanxi	21508933	19259641	38351534	875446141	572193239
内 蒙 古	Inner Mongolia	33712639	27688668	20413541	1122513308	636908433
辽 宁	Liaoning	40736980	34050483	65510809	1548340953	921808754
吉 林	Jilin	21839510	15775720	8575545	491643968	271740956
黑 龙 江	Heilongjiang	10659488	9718956	12523470	491644010	299249274
上 海	Shanghai	213834997	120928012	297217782	5016700847	2743926392
江 苏	Jiangsu	304188463	196008506	842528457	6466979332	3289307497
浙 江	Zhejiang	390237271	179298271	594501797	5088679646	2446746992
安 徽	Anhui	73504974	51522770	107753103	1838642155	1020723537
福 建	Fujian	67027390	34797474	129369374	1279402353	652220372
江 西	Jiangxi	53431726	43268112	121060117	1409877251	789773493
山 东	Shandong	155441759	105976375	324014580	3916410360	2272157420
河 南	Henan	50405334	37421336	69216096	1620235927	923753802
湖 北	Hubei	147105595	89088736	113453474	2449502798	1431680137
湖 南	Hunan	88151265	62292490	88658761	2200566435	1294464279
广 东	Guangdong	567209548	319349566	1532310565	10490077834	6120871662
广 西	Guangxi	22539299	25573340	26955349	764735416	499787695
海 南	Hainan	5112516	5685919	3794333	166341434	95165052
重 庆	Chongqing	25144549	35776480	64800731	1232964715	781248329
四 川	Sichuan	59082705	41045074	64520011	1733645631	1015417145
贵 州	Guizhou	6818945	8348870	7389841	414922622	256745009
云 南	Yunnan	26465593	16942977	8088235	609866946	336729180
西 藏	Tibet	4144287	1523143	255733	63749401	26472117
陕 西	Shaanxi	49006088	33841446	38891258	1407530716	810914609
甘 肃	Gansu	9400560	6121282	7927331	318914629	191834840
青 海	Qinghai	-55238578	1991788	226809	134024902	132243459
宁 夏	Ningxia	3807531	2191167	4105396	94668725	49265341
新 疆	Xinjiang	13205710	9166698	8968713	497943622	289704013

2-3 计划单列市高新技术企业主要经济指标
Main Economic Indicators of High-tech Enterprises of the Cities Listed Independently in the State Plan

地区	Region	入统企业数（个）Number of Enterprises to Collect Data (unit)	年末从业人员（人）Year End Number of Employees (person)	营业收入（千元）Operating Revenue (1000 yuan)	工业总产值（千元）Gross Industrial Output Value (1000 yuan)
合计	**Total**	**26226**	**3895178**	**4664066239**	**3641379628**
大连	Dalian	1727	212039	265370890	223418373
宁波	Ningbo	2131	550631	620390851	591029713
厦门	Xiamen	1911	324894	242024631	205850363
青岛	Qingdao	3805	382175	544809466	408820727
深圳	Shenzhen	16652	2425439	2991470401	2212260452

2-3 续表 continued

单位：千元 (1000 yuan)

地区	Region	净利润 Net Profit	上缴税费 Taxes Submitted	出口总额 Export	年末资产 Year End Assets	年末负债 Year End Liabilities
合计	**Total**	**396792071**	**178700455**	**908986871**	**6889424251**	**3958941554**
大连	Dalian	11885063	9045235	33289557	446318914	258725056
宁波	Ningbo	59672132	26862362	124977683	838340603	419789935
厦门	Xiamen	23916677	8632688	57116936	361323854	161359091
青岛	Qingdao	32600017	20461768	70035719	773342898	446190183
深圳	Shenzhen	268718183	113698403	623566975	4470097982	2672877289

2-4 副省级城市高新技术企业主要经济指标

Main Economic Indicators of High-tech Enterprises of the Deputy Provincial Level Cities

地 区	Region	入统企业数（个）Number of Enterprises to Collect Data (unit)	年末从业人员（人）Year End Number of Employees (person)	营业收入（千元）Operating Revenue (1000 yuan)	工业总产值（千元）Gross Industrial Output Value (1000 yuan)
合 计	**Total**	**40114**	**5032763**	**7175375321**	**3992534225**
沈 阳	Shenyang	1814	244272	239416370	183312050
长 春	Changchun	1317	158751	199068332	166752610
哈尔滨	Harbin	793	142989	147210678	112539605
南 京	Nanjing	4644	516135	707633979	464522360
杭 州	Hangzhou	5462	885373	1346312509	662932436
济 南	Jinan	2172	326534	567644024	405694916
武 汉	Wuhan	4276	582969	1109546218	423621917
广 州	Guangzhou	11897	1104003	1557668721	837156850
成 都	Chengdu	4078	603516	674203318	343664156
西 安	Xi'an	3661	468221	626671173	392337324

2-4 续表 continued

单位：千元 (1000 yuan)

地 区	Region	净利润 Net Profit	上缴税费 Taxes Submitted	出口总额 Export	年末资产 Year End Assets	年末负债 Year End Liabilities
合 计	**Total**	**524693282**	**314396393**	**495956641**	**10075962000**	**5608120716**
沈 阳	Shenyang	7463991	8339003	10720466	448679930	254746343
长 春	Changchun	14601464	10291552	5025875	310125907	178381601
哈尔滨	Harbin	6547392	5544143	7779737	333391299	205803550
南 京	Nanjing	35303119	29474051	47424337	1061990846	577936266
杭 州	Hangzhou	202115883	75174960	127366974	1986948232	938982342
济 南	Jinan	26186941	20774950	41931210	639141063	380429555
武 汉	Wuhan	76669915	50556668	59181349	1327958469	798694552
广 州	Guangzhou	85484988	68246566	128466255	1891570791	1065213786
成 都	Chengdu	37113271	25260830	40567727	1151533364	668513454
西 安	Xi'an	33206316	20733670	27492709	924622098	539419268

2-5 各地区高新技术企业收入情况
Revenue Statistics of High-tech Enterprises by Region

单位：千元　(1000 yuan)

地　区	Region	营业收入 Operating Revenue	技术收入 Technical Income	产品销售收入 Product Sales Income	商品销售收入 Commodity Sales Income
合　计	**Total**	**45095773703**	**5695628828**	**36469172098**	**813983306**
东部地区	Eastern Region	30258257250	4149053695	23992031107	597648674
中部地区	Middle Region	7918885705	766884218	6765321303	84617516
西部地区	Western Region	5401071687	702722156	4342244461	116202643
东北地区	Northeast Region	1517559061	76968758	1369575226	15514474
北　京	Beijing	3802465348	1414367659	1472787921	308233606
天　津	Tianjin	1004250595	172828356	759672670	24304069
河　北	Hebei	1976625926	90047189	1789354930	22410513
山　西	Shanxi	554655841	18072797	515587615	5768241
内蒙古	Inner Mongolia	572441034	16047127	521257420	18680593
辽　宁	Liaoning	992640239	48848446	898205794	11537148
吉　林	Jilin	278223827	10031793	254279887	2682199
黑龙江	Heilongjiang	246694995	18088519	217089545	1295126
上　海	Shanghai	3028118810	716730988	2120469406	38427528
江　苏	Jiangsu	4897187075	223149557	4471308599	47119989
浙　江	Zhejiang	3636538872	466135973	3017896807	33990634
安　徽	Anhui	1308024511	66489206	1176174635	12513235
福　建	Fujian	803490895	48552706	728719083	5064786
江　西	Jiangxi	1268373107	38660523	1161065696	35373229
山　东	Shandong	2744530617	118852024	2495396001	37696847
河　南	Henan	1033039527	64063259	920470191	6016830
湖　北	Hubei	2129611836	367240156	1664249530	14904679
湖　南	Hunan	1625180882	212358277	1327773635	10041301
广　东	Guangdong	8288437399	890586315	7071517487	78809921
广　西	Guangxi	703781663	59127621	615583334	3626777
海　南	Hainan	76611714	7802928	64908203	1590782
重　庆	Chongqing	917630327	73335166	792992213	17588189
四　川	Sichuan	1066401538	216765849	791155900	19935707
贵　州	Guizhou	243657719	21669228	209925371	5059372
云　南	Yunnan	445055610	42057199	369980227	23009475
西　藏	Tibet	23133880	4040727	16519426	1760884
陕　西	Shaanxi	900630579	195256424	624434153	17020431
甘　肃	Gansu	162262110	13781807	130383447	3541732
青　海	Qinghai	69834147	20207216	45282319	324761
宁　夏	Ningxia	55926775	780938	52250188	256947
新　疆	Xinjiang	240316306	39652853	172480464	5397775

2-6 计划单列市高新技术企业收入情况
Revenue Statistics of High-tech Enterprises of the Cities Listed Independently in the State Plan

单位：千元 (1000 yuan)

地 区	Region	营业收入 Operating Revenue	技术收入 Technical Income	产品销售收入 Product Sales Income	商品销售收入 Commodity Sales Income
合 计	**Total**	**4664066239**	**561068462**	**3910413948**	**45350238**
大 连	Dalian	265370890	12401124	246342154	1933518
宁 波	Ningbo	620390851	15338748	584901540	4322265
厦 门	Xiamen	242024631	20959445	209414971	2577670
青 岛	Qingdao	544809466	34311299	477905767	14551419
深 圳	Shenzhen	2991470401	478057847	2391849515	21965366

2-7 副省级城市高新技术企业收入情况
Revenue Statistics of High-tech Enterprises of the Deputy Provincial Level Cities

单位：千元 (1000 yuan)

地 区	Region	营业收入 Operating Revenue	技术收入 Technical Income	产品销售收入 Product Sales Income	商品销售收入 Commodity Sales Income
合 计	**Total**	**7175375321**	**1690587444**	**5089979792**	**85773465**
沈 阳	Shenyang	239416370	24263447	204022357	1383600
长 春	Changchun	199068332	9242633	179048604	2058859
哈尔滨	Harbin	147210678	14576660	123730381	758107
南 京	Nanjing	707633979	128604083	545940875	7830548
杭 州	Hangzhou	1346312509	440600982	820376332	19713135
济 南	Jinan	567644024	55184601	496803285	3385309
武 汉	Wuhan	1109546218	332801093	707288073	8097029
广 州	Guangzhou	1557668721	310940440	1184540263	19847943
成 都	Chengdu	674203318	202150473	438485647	10123695
西 安	Xi'an	626671173	172223032	389743976	12575242

2-8 各地区高新技术企业人员情况
Personnel Statistics of High-tech Enterprises by Region

单位：人 (person)

地区	Region	年末从业人员 Year End Number of Employees	留学归国人员 Returned Overseas Scholars	外籍常驻人员 Foreign Personnel in Residence	大专以上 College and Higher Level
合计	**Total**	**34369917**	**143759**	**52905**	**17468003**
东部地区	Eastern Region	23320768	119019	39989	11724547
中部地区	Middle Region	5951492	13329	9827	2911173
西部地区	Western Region	3900261	8077	2461	2173947
东北地区	Northeast Region	1197396	3334	628	658336
北京	Beijing	2565435	37940	3798	2071678
天津	Tianjin	644967	2428	557	392678
河北	Hebei	1287957	1493	805	559691
山西	Shanxi	423704	470	63	215165
内蒙古	Inner Mongolia	297733	161	70	157015
辽宁	Liaoning	741991	2834	475	403760
吉林	Jilin	231812	310	128	127085
黑龙江	Heilongjiang	223593	190	25	127491
上海	Shanghai	1784780	22424	6810	1288031
江苏	Jiangsu	3810008	13876	10870	1780471
浙江	Zhejiang	3217250	9577	3810	1243738
安徽	Anhui	1112106	2565	1217	521627
福建	Fujian	838714	1575	1542	365114
江西	Jiangxi	944126	2353	1020	370369
山东	Shandong	2026615	3609	1526	997998
河南	Henan	980514	1082	376	464604
湖北	Hubei	1314593	3934	5582	738217
湖南	Hunan	1176449	2925	1569	601191
广东	Guangdong	7077300	25976	10228	2986203
广西	Guangxi	410228	492	246	199637
海南	Hainan	67742	121	43	38945
重庆	Chongqing	692590	1148	549	325592
四川	Sichuan	943059	3040	638	537375
贵州	Guizhou	216067	241	102	118382
云南	Yunnan	237360	310	67	133112
西藏	Tibet	16797	90		13039
陕西	Shaanxi	668573	2329	498	450719
甘肃	Gansu	156666	91	34	91724
青海	Qinghai	49345	21	7	27615
宁夏	Ningxia	52310	27	45	24239
新疆	Xinjiang	159533	127	205	95498

2-9 计划单列市高新技术企业人员情况

Personnel Statistics of High-tech Enterprises of the Cities Listed Independently in the State Plan

单位：人 (person)

地区	Region	年末从业人员 Year End Number of Employees	留学归国人员 Returned Overseas Scholars	外籍常驻人员 Foreign Personnel in Residence	大专以上 College and Higher Level
合　计	**Total**	**3895178**	**22065**	**7329**	**1974326**
大　连	Dalian	212039	1478	301	119914
宁　波	Ningbo	550631	1787	1536	199474
厦　门	Xiamen	324894	727	726	150613
青　岛	Qingdao	382175	1207	420	206744
深　圳	Shenzhen	2425439	16866	4346	1297581

2-10 副省级城市高新技术企业人员情况

Personnel Statistics of High-tech Enterprises of the Deputy Provincial Level Cities

单位：人 (person)

地区	Region	年末从业人员 Year End Number of Employees	留学归国人员 Returned Overseas Scholars	外籍常驻人员 Foreign Personnel in Residence	大专以上 College and Higher Level
合　计	**Total**	**5032763**	**22791**	**7107**	**3384925**
沈　阳	Shenyang	244272	909	109	170938
长　春	Changchun	158751	275	98	97886
哈尔滨	Harbin	142989	158	14	90842
南　京	Nanjing	516135	3089	665	372816
杭　州	Hangzhou	885373	5624	954	558886
济　南	Jinan	326534	740	279	227407
武　汉	Wuhan	582969	3032	2866	439184
广　州	Guangzhou	1104003	4057	1280	673795
成　都	Chengdu	603516	2757	445	404728
西　安	Xi'an	468221	2150	397	348443

2-11 各地区高新技术企业R&D活动与科技活动情况
R&D Activities and Science and Technology Activities Statistics of High-tech Enterprises by Region

地 区	Region	科技活动人员 (人) Personnel Engaged in Science and Technology Activities (person)	R&D人员 (人) R&D Personnel (person)	R&D人员全时当量 (人年) R&D Personnel Full Time Equivalent (man year)	科技活动经费内部支出 (千元) Intramural Expenditures on Science and Technology Activities (1000 yuan)	R&D经费内部支出 (千元) Intramural Expenditure on R&D (1000 yuan)
合 计	**Total**	**8247973**	**4354713**	**2860041**	**2455779462**	**1185007202**
东部地区	Eastern Region	5766187	3023170	1971141	1794492887	846242831
中部地区	Middle Region	1316154	759069	515488	357459917	193812616
西部地区	Western Region	887106	441049	289326	234373507	114248209
东北地区	Northeast Region	278526	131424	84086	69453151	30703547
北 京	Beijing	909108	280468	177438	416767788	103202324
天 津	Tianjin	172151	105969	61172	44094051	24617730
河 北	Hebei	264640	112035	66797	76699333	35992537
山 西	Shanxi	92903	34778	23849	23393497	8662313
内蒙古	Inner Mongolia	55969	21879	15391	21516401	8017716
辽 宁	Liaoning	169376	86793	55050	45552622	20968444
吉 林	Jilin	57374	18479	12201	11991397	4232124
黑龙江	Heilongjiang	51776	26152	16835	11909132	5502978
上 海	Shanghai	620339	169635	116675	204674544	57117145
江 苏	Jiangsu	843560	567372	411865	246443446	153098999
浙 江	Zhejiang	685380	398847	253506	186685579	97277530
安 徽	Anhui	248915	135553	91537	63539469	33291706
福 建	Fujian	190411	121183	79093	42016103	25849798
江 西	Jiangxi	185872	131291	80980	52094424	34720453
山 东	Shandong	434045	239556	155957	123111192	58725460
河 南	Henan	206964	101168	74296	50266205	21166311
湖 北	Hubei	330461	213180	153801	93716231	55464400
湖 南	Hunan	251039	143099	91025	74450091	40507432
广 东	Guangdong	1630471	1023801	646014	450359455	289491861
广 西	Guangxi	85678	42206	24169	24393542	10400449
海 南	Hainan	16082	4304	2624	3641396	869448
重 庆	Chongqing	133106	83417	48057	35960015	21560706
四 川	Sichuan	230655	120588	75748	54048009	26501690
贵 州	Guizhou	50994	21567	13448	11654216	4504455
云 南	Yunnan	55740	29764	18066	15898200	9480779
西 藏	Tibet	3436	929	631	981132	325467
陕 西	Shaanxi	188530	95276	78340	50370359	28822377
甘 肃	Gansu	34330	9202	6343	5337509	995917
青 海	Qinghai	10327	3410	2077	2543106	655234
宁 夏	Ningxia	10054	5472	2889	3015136	1572582
新 疆	Xinjiang	28287	7340	4167	8655882	1410837

2-12 计划单列市高新技术企业R&D活动与科技活动情况

R&D Activities and Science and Technology Activities Statistics of High-tech Enterprises of the Cities Listed Independently in the State Plan

地　区	Region	科技活动人员（人） Personnel Engaged in Science and Technology Activities (person)	R&D人员（人） R&D Personnel (person)	R&D人员全时当量（人年） R&D Personnel Full Time Equivalent (man year)	科技活动经费内部支出（千元） Intramural Expenditures on Science and Technology Activities (1000 yuan)	R&D经费内部支出（千元） Intramural Expenditure on R&D (1000 yuan)
合　计	**Total**	**1006024**	**640532**	**415232**	**289343602**	**187023596**
大　连	Dalian	54765	31251	17975	13081722	8653381
宁　波	Ningbo	105720	83424	54696	30321310	21947685
厦　门	Xiamen	79926	65600	42740	15526571	12060082
青　岛	Qingdao	97710	42396	27885	24427141	11382223
深　圳	Shenzhen	667903	417861	271936	205986858	132980226

2-13 副省级城市高新技术企业R&D活动与科技活动情况

R&D Activities and Science and Technology Activities Statistics of High-tech Enterprises of the Deputy Provincial Level Cities

地　区	Region	科技活动人员（人） Personnel Engaged in Science and Technology Activities (person)	R&D人员（人） R&D Personnel (person)	R&D人员全时当量（人年） R&D Personnel Full Time Equivalent (man year)	科技活动经费内部支出（千元） Intramural Expenditures on Science and Technology Activities (1000 yuan)	R&D经费内部支出（千元） Intramural Expenditure on R&D (1000 yuan)
合　计	**Total**	**1489510**	**832038**	**563554**	**393588364**	**215490531**
沈　阳	Shenyang	63780	30281	19256	13456254	5775659
长　春	Changchun	42176	11760	7624	8686272	3006158
哈尔滨	Harbin	35974	19186	13536	8486963	4465499
南　京	Nanjing	168618	129177	89490	42980638	30245233
杭　州	Hangzhou	273182	108208	74285	82962391	30295664
济　南	Jinan	95745	67302	44723	21287822	12975818
武　汉	Wuhan	179848	122244	87996	52419276	31560645
广　州	Guangzhou	315910	186779	109761	84961182	54420243
成　都	Chengdu	165886	81633	52028	37723369	17965104
西　安	Xi'an	148391	75468	64855	40624197	24780509

2-14 高新技术企业主要经济指标(按登记注册类型分类)
Main Economic Indicators of High-tech Enterprises by Registration Category

企业登记注册类型 Registration Category	入统企业数（个） Number of Enterprises to Collect Data (unit)	年末从业人员（人） Year End Number of Employees (person)	营业收入（千元） Operating Revenue (1000 yuan)	工业总产值（千元） Gross Industrial Output Value (1000 yuan)
合　计 Total	**218544**	**34369917**	**45095773703**	**32413738184**
国有企业 State-owned Enterprises	4130	2496489	4608681863	2175983412
集体企业 Collective-owned Enterprises	212	40018	50681099	41520448
股份合作企业 Cooperative Enterprises	662	94886	90826751	90925377
联营企业 Joint Ownership Enterprises	148	26729	41141223	33076565
有限责任公司 Limited Liability Corporations	74562	10785975	15083481607	9655716703
股份有限公司 Share-holding Corporations Ltd.	17665	5885744	8154948787	6298909748
私营企业 Private Enterprises	107006	9343757	9281522641	7672657334
港澳台投资企业 Enterprises with Funds from HongKong, Macao and Taiwan	6347	2962693	3839646885	2907569159
外商投资企业 Foreign Funded Enterprises	6645	2540308	3795369698	3413009406

2-14 续表 continued

单位：千元 (1000 yuan)

企业登记注册类型 Registration Category	净利润 Net Profit	上缴税费 Taxes Submitted	出口总额 Export	年末资产 Year End Assets	年末负债 Year End Liabilities
合　计 Total	**2734065456**	**1798801948**	**4907633949**	**65434490132**	**36892022218**
国有企业 State-owned Enterprises	169528768	134561297	170373939	7097915456	4611978417
集体企业 Collective-owned Enterprises	2209345	1671245	3240484	58430252	29799669
股份合作企业 Cooperative Enterprises	4964780	3980936	6426147	137186494	71678202
联营企业 Joint Ownership Enterprises	689647	1644352	1000308	68120826	46701241
有限责任公司 Limited Liability Corporations	803153609	557915022	1182796946	19928843388	12402399200
股份有限公司 Share-holding Corporations Ltd.	566495262	376661220	925158784	16891805113	8374342675
私营企业 Private Enterprises	459194750	348120315	977656989	10759045987	6214215290
港澳台投资企业 Enterprises with Funds from HongKong, Macao and Taiwan	431686366	186945974	786977327	5553459927	2684812863
外商投资企业 Foreign Funded Enterprises	282322445	181250603	831299069	4734452071	2352371153

2-15 高新技术企业收入情况(按登记注册类型分类)
Revenue Statistics of High-tech Enterprises by Registration Category

单位：千元 (1000 yuan)

企业登记注册类型 Registration Category	营业收入 Operating Revenue	技术收入 Technical Income	产品销售收入 Product Sales Income	商品销售收入 Commodity Sales Income
合计 Total	**45095773703**	**5695628828**	**36469172098**	**813983306**
国有企业 State-owned Enterprises	4608681863	952165369	3394775068	47313300
集体企业 Collective-owned Enterprises	50681099	7463236	40712916	832957
股份合作企业 Cooperative Enterprises	90826751	3044623	84264626	544797
联营企业 Joint Ownership Enterprises	41141223	1690777	38696363	26177
有限责任公司 Limited Liability Corporations	15083481607	2465304113	11345097821	230394142
股份有限公司 Share-holding Corporations Ltd.	8154948787	679163259	6961707396	212636308
私营企业 Private Enterprises	9281522641	672962307	8155078541	165385962
港澳台投资企业 Enterprises with Funds from HongKong, Macao and Taiwan	3839646885	737007601	2900823831	67452667
外商投资企业 Foreign Funded Enterprises	3795369698	165196373	3416011052	87940903

2-16 高新技术企业人员情况(按登记注册类型分类)
Personnel Statistics of High-tech Enterprises by Registration Category

单位：人 (person)

企业登记注册类型 Registration Category	年末从业人员 Year End Number of Employees	留学归国人员 Returned Overseas Scholars	外籍常驻人员 Foreign Personnel in Residence	大专以上 College and Higher Level
合计 Total	**34369917**	**143759**	**52905**	**17468003**
国有企业 State-owned Enterprises	2496489	12194	1181	1657788
集体企业 Collective-owned Enterprises	40018	162	5	19566
股份合作企业 Cooperative Enterprises	94886	135	34	43735
联营企业 Joint Ownership Enterprises	26729	72		14650
有限责任公司 Limited Liability Corporations	10785975	45704	9619	5777938
股份有限公司 Share-holding Corporations Ltd.	5885744	25363	10625	3228680
私营企业 Private Enterprises	9343757	27488	8147	4291282
港澳台投资企业 Enterprises with Funds from HongKong, Macao and Taiwan	2962693	17276	8345	1216610
外商投资企业 Foreign Funded Enterprises	2540308	14887	14536	1138530

2-17 高新技术企业主要经济指标(按企业划型标准分类)

Main Economic Indicators of High-tech Enterprises by the Enterprise Scale

企业规模 Enterprise Scale	入统企业数(个) Number of Enterprises to Collect Data (unit)	年末从业人员(人) Year End Number of Employees (person)	营业收入(千元) Operating Revenue (1000 yuan)	工业总产值(千元) Gross Industrial Output Value (1000 yuan)
合　计 Total	**218544**	**34369917**	**45095773703**	**32413738184**
大型企业 Large Enterprises	7206	13796004	24665213597	15825351933
中型企业 Medium Enterprises	28565	10314341	13068633215	10367954134
小型企业 Small Enterprises	140552	9745337	7110780863	6097692852
微型企业 Micro Enterprises	42221	514235	251146029	122739266

2-17 续表 continued

单位：千元 (1000 yuan)

企业规模 Enterprise Scale	净利润 Net Profit	上缴税费 Taxes Submitted	出口总额 Export	年末资产 Year End Assets	年末负债 Year End Liabilities
合　计 Total	**2734065456**	**1798801948**	**4907633949**	**65434490132**	**36892022218**
大型企业 Large Enterprises	1554028205	942276536	2837569100	35147467673	21096403012
中型企业 Medium Enterprises	916379519	538706027	1397596221	18706340480	9751891693
小型企业 Small Enterprises	280803310	307692894	666739930	10740852230	5605598873
微型企业 Micro Enterprises	-17145577	10126491	5728698	839829750	438128640

2-18 高新技术企业收入情况(按企业划型标准分类)
Revenue Statistics of High-tech Enterprises by the Enterprise Scale

单位：千元 (1000 yuan)

企业规模 Enterprise Scale	营业收入 Operating Revenue	技术收入 Technical Income	产品销售收入 Product Sales Income	商品销售收入 Commodity Sales Income
合　计 Total	**45095773703**	**5695628828**	**36469172098**	**813983306**
大型企业 Large Enterprises	24665213597	3740025069	19074642656	399771844
中型企业 Medium Enterprises	13068633215	1324684290	11009814390	257861261
小型企业 Small Enterprises	7110780863	569584236	6222342308	142417972
微型企业 Micro Enterprises	251146029	61335233	162372744	13932229

2-19 高新区企业人员情况(按企业划型标准分类)
Personnel Statistics of Enterprises in National Hi-tech Zones by the Enterprise Scale

单位：人 (person)

企业规模 Enterprise Scale	年末从业人员 Year End Number of Employees	留学归国人员 Returned Overseas Scholars	外籍常驻人员 Foreign Personnel in Residence	大专以上 College and Higher Level
合　计 Total	**34369917**	**143759**	**52905**	**17468003**
大型企业 Large Enterprises	13796004	69057	23808	7457962
中型企业 Medium Enterprises	10314341	38659	13737	4983874
小型企业 Small Enterprises	9745337	31241	13999	4669061
微型企业 Micro Enterprises	514235	4802	1361	357106

2-20 高新技术企业中高技术产业制造业企业主要经济指标(按行业类别分类) Main Indicators of High-tech Enterprises in Hi-tech Manufacture Fields by Industry Field

行业类别 Industry Field	入统企业数 (个) Number of Enterprises to Collect Data (unit)	年末从业人员 (人) Year End Number of Employees (person)	营业收入 (千元) Operating Revenue (1000 yuan)	工业总产值 (千元) Gross Industrial Output Value (1000 yuan)
合　计 Total	**31389**	**7007420**	**7775917984**	**7872666325**
医药制造业 Manufacture of Medicines	4643	1261261	1291898446	1370648685
航空、航天器及设备制造业 Manufacture of Aircrafts and Spacecrafts and Related Equipment	803	364777	354127768	339724084
电子及通信设备制造业 Manufacture of Electronic Equipment and Communication Equipment	15311	4106261	4922591401	4951663671
计算机及办公设备制造业 Manufacture of Computers and Office Equipment	1880	396342	549291819	545447203
医疗仪器设备及仪器仪表制造业 Manufacture of Medical Equipments and Measuring Instrument	8702	867215	646140610	652909069
信息化学品制造业 Manufacture of Information Chemicals	50	11564	11867941	12273613

2-20 续表 continued

单位：千元 (1000 yuan)

行业类别 Industry Field	净利润 Net Profit	上缴税费 Taxes Submitted	出口总额 Export	年末资产 Year End Assets	年末负债 Year End Liabilities
合　计 Total	**618051175**	**340893901**	**1897826808**	**11784481155**	**5711486556**
医药制造业 Manufacture of Medicines	192498048	125551509	109669179	2491993154	979322022
航空、航天器及设备制造业 Manufacture of Aircrafts and Spacecrafts and Related Equipment	23717773	6971976	20477981	821186971	429058901
电子及通信设备制造业 Manufacture of Electronic Equipment and Communication Equipment	294089854	150545130	1515222231	6692990670	3504785695
计算机及办公设备制造业 Manufacture of Computers and Office Equipment	29580163	17576035	157286937	604208783	319381220
医疗仪器设备及仪器仪表制造业 Manufacture of Medical Equipments and Measuring Instrument	77733843	39846837	93375214	1147565934	469577061
信息化学品制造业 Manufacture of Information Chemicals	431493	402414	1795267	26535642	9361657

2-21 高新技术企业中高技术产业服务业企业主要经济指标(按行业类别分类)
Main Indicators of High-tech Enterprises in Hi-tech Service Fields by Industry Field

行业类别 Industry Field	入统企业数 (个) Number of Enterprises to Collect Data (unit)	年末从业人员 (人) Year End Number of Employees (person)	营业收入 (千元) Operating Revenue (1000 yuan)	主营业务收入 (千元) Revenue from Principal Business (1000 yuan)
合　计 Total	**69446**	**5628841**	**5787882145**	**4460398969**
信息服务 Information Service	50904	3859213	3889418154	2962490615
电子商务服务 E-commerce Service	88	23676	66350854	27568634
检验检测服务 Inspection and Testing Service	2166	218649	91392985	80911590
专业技术服务业的高技术服务 Hi-tech Service in Professional Technology Service	2622	685757	922681660	736836528
研发与设计服务 R&D and Design Service	4844	426879	424609486	368307623
科技成果转化服务 Technology Results Transfer Service	6250	256629	221242156	130764376
知识产权及相关法律服务 IPR and Related Legal Service	134	10051	4966489	1823496
环境监测及治理服务 Environmental Monitoring and Control	2438	147987	167220361	151696107

2-21 续表 continued

单位：千元 (1000 yuan)

行业类别 Industry Field	净利润 Net Profit	上缴税费 Taxes Submitted	出口总额 Export	年末资产 Year End Assets	年末负债 Year End Liabilities
合　计 Total	**558729501**	**276534106**	**145324988**	**10355616537**	**5419695385**
信息服务 Information Service	431497519	197730702	90296255	6668357118	3331565900
电子商务服务 E-commerce Service	3597688	1700064	5051	156779410	124529273
检验检测服务 Inspection and Testing Service	13946901	5541726	259614	139949144	56188292
专业技术服务业的高技术服务 Hi-tech Service in Professional Technology Service	63254971	39144878	28897084	1468155565	863912229
研发与设计服务 R&D and Design Service	25697831	14687349	22121064	904719202	471852442
科技成果转化服务 Technology Results Transfer Service	4988109	9325839	3466025	590856716	326751268
知识产权及相关法律服务 IPR and Related Legal Service	174234	313420	24179	6730318	2632062
环境监测及治理服务 Environmental Monitoring and Control	15572248	8090128	255719	420069064	242263920

第三部分

科技企业孵化器

The Third Part

Technology Business Incubators (TBIs)

3-1　全国科技企业孵化器主要经济指标
Main Economic Indicators of TBIs

年　份 Year	统计孵化器数量 (个) Number of TBIs with Data (unit)	场地面积 (万平方米) Space Area (10000 sq.m)	在孵企业 (个) Number of Tenants (unit)	在孵企业总收入 (亿元) Total Income of Incubatees (100 million yuan)	在孵企业从业人员数 (万人) Number of Employees of Incubatees (10000 person)	累计毕业企业 (个) Accumulated Number of Graduated Tenants (unit)
1995	73	40.2	1854	24.2	2.6	364
1996	80	56.6	2476	36.3	3.8	648
1997	80	77.5	2670	40.8	4.6	825
1998	77	88.4	4138	60.7	6.9	1316
1999	110	188.8	5293	95.8	9.2	1934
2000	164	339.5	8653	207.0	14.4	2790
2001	324	634.7	14270	422.4	28.4	4281
2002	378	632.6	20993	230.5	36.3	6207
2003	431	1358.9	27285	759.3	48.3	8981
2004	464	1515.1	33213	1121.7	55.2	11718
2005	534	1969.9	39491	1625.4	71.7	15815
2006	548	2008.0	41434	1926.7	79.3	19896
2007	614	2269.8	44750	2621.9	93.3	23394
2008	670	2315.5	44346	1866.2	92.8	31764
2009	772	2901.3	50511	2000.8	101.2	32301
2010	896	3043.9	56382	3329.5	117.8	36485
2011	1034	3472.1	60936	3800.6	125.6	39562
2012	1239	4375.8	70217	4147.1	143.7	45160
2013	1464	5379.3	77677	3308.8	158.3	52146
2014	1748	6877.8	78965	3696.4	141.7	61944
2015	2533	8680.0	102170	4810.4	166.2	74853
2016	3255	10732.8	133286	4792.7	212.1	89694
2017	4063	11967.4	177542	6335.7	259.6	110701
2018	4849	13192.9	206024	8343.0	290.2	139396
2019	5206	12927.9	216828	8219.9	294.9	160850

3-2 各地区科技企业孵化器基本情况
General Statistics of TBIs by Region

地　区	Region	统计孵化器数　量（个）Number of TBIs with Data (unit)	孵化器总收入（千元）Total Income of TBIs (1000 yuan)	管理机构从业人员数（人）Number of Management Personnel (person)	孵化基金总　额（千元）Total Incubator Fund (1000 yuan)	创业导师人　数（人）Number of Innovation Mentors (person)	对公共技术服务平台投资额（千元）Investment into the Public Service Platform (1000 yuan)
合　计	**Total**	**5206**	**44986828**	**73432**	**126429276**	**70589**	**7763937**
东部地区	Eastern Region	3346	32449379	43871	94104922	41016	5414136
中部地区	Middle Region	766	4881795	11533	9715756	12077	1206497
西部地区	Western Region	752	6245543	12750	18953671	13090	884632
东北地区	Northeast Region	342	1410110	5278	3654927	4406	258673
北　京	Beijing	130	4532570	2797	22500511	4051	294871
天　津	Tianjin	81	409286	1078	267694	1217	45080
河　北	Hebei	251	1381711	3439	1184060	3151	101798
山　西	Shanxi	62	742229	1091	734875	1080	31594
内蒙古	Inner Mongolia	50	417295	1571	142530	1392	32737
辽　宁	Liaoning	67	473570	1232	929500	1041	51306
吉　林	Jilin	93	512040	1774	1580178	1412	132425
黑龙江	Heilongjiang	182	424500	2272	1145249	1953	74942
上　海	Shanghai	175	2055278	2412	7928613	2096	141231
江　苏	Jiangsu	832	7575517	11205	18954445	7863	2145953
浙　江	Zhejiang	363	3106203	4305	15554013	5084	671162
安　徽	Anhui	170	558556	1859	1378449	1649	317050
福　建	Fujian	135	874481	1842	2672878	1715	156015
江　西	Jiangxi	62	645761	1420	1859723	1564	162227
山　东	Shandong	358	1695975	4888	9662489	5959	992126
河　南	Henan	167	838395	2602	1476816	2524	259288
湖　北	Hubei	216	1311534	2917	2475073	3748	319919
湖　南	Hunan	89	785321	1644	1790821	1512	116418
广　东	Guangdong	1013	10750200	11713	14910118	9758	847908
广　西	Guangxi	106	390511	1114	220340	1321	66402
海　南	Hainan	8	68160	192	470100	122	17991
重　庆	Chongqing	77	307846	938	1118590	1160	48232
四　川	Sichuan	168	1430761	2244	1896175	3702	302675
贵　州	Guizhou	42	912373	1051	657234	319	49459
云　南	Yunnan	40	167465	632	84300	993	18407
西　藏	Tibet	1		8	10000	24	200
陕　西	Shaanxi	122	1457134	2370	12408150	2055	174134
甘　肃	Gansu	79	475897	1508	935052	780	143758
青　海	Qinghai	14	213508	372	1228000	500	6568
宁　夏	Ningxia	15	51120	239	54600	188	2221
新　疆	Xinjiang	29	250533	513	171550	543	35758
新疆兵团	Xinjiang Corps	9	171100	190	27150	113	4081

3-3 各地区科技企业孵化器孵化企业情况
Tenants Statistics of TBIs by Region

单位：个 (unit)

地　区	Region	在孵企业数 Number of Tenants	高新技术企业 Hi-tech Enterprises	当年新增在孵企业 New Incubatees	累计毕业企业 Accumulated Number of Graduated Tenants	当年毕业企业 Number of Graduated Tenants of the Year	收入达5千万元企业数 Number of Tenants with Income More than 50 million yuan
合　计	**Total**	**216828**	**15370**	**58830**	**160850**	**26152**	**3729**
东部地区	Eastern Region	134832	10346	36176	101228	16583	2514
中部地区	Middle Region	38215	2450	10105	27688	4455	713
西部地区	Western Region	30291	1814	8230	22361	3849	414
东北地区	Northeast Region	13490	760	4319	9573	1265	88
北　京	Beijing	9444	2184	2626	15091	1321	122
天　津	Tianjin	4309	259	1183	2479	328	65
河　北	Hebei	7725	612	2108	4401	942	75
山　西	Shanxi	2543	209	601	2025	410	26
内蒙古	Inner Mongolia	1842	136	399	1890	264	11
辽　宁	Liaoning	3947	265	1010	4114	412	37
吉　林	Jilin	3230	262	942	2114	371	40
黑龙江	Heilongjiang	6313	233	2367	3345	482	11
上　海	Shanghai	8384	544	1916	3837	462	144
江　苏	Jiangsu	34800	2541	8748	26197	4524	894
浙　江	Zhejiang	16690	797	4894	13893	2416	251
安　徽	Anhui	6220	268	1923	3720	544	90
福　建	Fujian	3493	376	989	3772	606	123
江　西	Jiangxi	3507	224	867	2647	592	90
山　东	Shandong	16315	817	4066	12529	2152	261
河　南	Henan	8987	487	2360	6698	1005	207
湖　北	Hubei	11286	768	3148	8409	1214	111
湖　南	Hunan	5672	494	1206	4189	690	189
广　东	Guangdong	32918	2189	9501	18858	3766	579
广　西	Guangxi	3417	143	1229	1952	435	43
海　南	Hainan	754	27	145	171	66	
重　庆	Chongqing	2733	86	767	2756	498	21
四　川	Sichuan	8190	358	2246	5464	883	152
贵　州	Guizhou	1251	122	350	789	150	17
云　南	Yunnan	2280	81	520	1416	169	11
西　藏	Tibet	17	1	6	60		4
陕　西	Shaanxi	4730	628	1316	4728	766	110
甘　肃	Gansu	2570	151	539	1358	299	10
青　海	Qinghai	471	32	125	502	65	2
宁　夏	Ningxia	558	16	108	387	57	3
新　疆	Xinjiang	1690	40	512	811	162	24
新疆兵团	Xinjiang Corps	542	20	113	248	101	6

3-4 各地区科技企业孵化器孵化场地情况
Space Statistics of TBIs by Region

单位：平方米 (sq.m)

地区	Region	总面积 Total Space Area	办公用房 Space for Office	企业用房 Space for Tenants	服务用房 Space for Service	其他 Others
合　计	**Total**	**129278646**	**8339973**	**88690536**	**16219875**	**16028262**
东部地区	Eastern Region	81619450	5360228	55919181	10265440	10074601
中部地区	Middle Region	18882744	1063469	13226646	2384532	2208097
西部地区	Western Region	21827226	1494690	15002493	2717316	2612727
东北地区	Northeast Region	6949226	421587	4542216	852587	1132836
北　京	Beijing	3291522	176924	2317751	489291	307557
天　津	Tianjin	1321685	52610	1006187	160976	101912
河　北	Hebei	4999029	395428	3481701	546816	575084
山　西	Shanxi	1243388	45288	870537	178627	148936
内蒙古	Inner Mongolia	1610291	124872	788568	158602	538249
辽　宁	Liaoning	1731743	53758	1296221	253433	128332
吉　林	Jilin	2504797	177934	1686167	329644	311052
黑龙江	Heilongjiang	2712686	189895	1559829	269510	693453
上　海	Shanghai	2337015	138799	1735202	264417	198597
江　苏	Jiangsu	25087651	1918635	17910279	2850537	2408200
浙　江	Zhejiang	9000275	423612	6672658	1035472	868533
安　徽	Anhui	3956647	253493	2729410	458824	514920
福　建	Fujian	3385987	197147	1995639	422466	770736
江　西	Jiangxi	2020682	112619	1370025	231042	306996
山　东	Shandong	13350519	733970	8645429	1688810	2282309
河　南	Henan	3968563	169346	2907233	521527	370458
湖　北	Hubei	4605062	307338	3167107	585798	544819
湖　南	Hunan	3088402	175384	2182335	408714	321969
广　东	Guangdong	18686415	1297614	12056754	2782558	2549490
广　西	Guangxi	2002113	97823	1444024	227901	232366
海　南	Hainan	159352	25489	97581	24098	12184
重　庆	Chongqing	1234281	77282	903249	141352	112397
四　川	Sichuan	3363346	158421	2430982	445339	328604
贵　州	Guizhou	3452793	239573	2671407	325484	216329
云　南	Yunnan	815789	31394	635092	97761	51543
西　藏	Tibet	2395	200	1600	595	
陕　西	Shaanxi	3321332	176245	2460614	421092	263381
甘　肃	Gansu	2994638	445885	1704356	411925	432473
青　海	Qinghai	1188858	31851	930930	136655	89422
宁　夏	Ningxia	413152	26350	323024	41291	22487
新　疆	Xinjiang	892457	61217	479184	285613	66442
新疆兵团	Xinjiang Corps	535782	23578	229463	23706	259035

3-5 各地区科技企业孵化器当年在孵企业情况
Annual Statistics of Incubatees of TBIs by Region

地　区	Region	在孵企业从业人员数(人) Number of Employees of Incubatees (person)	在孵企业总收入(千元) Total Income of Incubatees (1000 yuan)	当年获得投融资企业数(个) Number of Incubateess Obtained Investment and Finance (unit)	当年获风险投资额(千元) Amount of Venture Capital for Incubatees (1000 yuan)	当年获得孵化基金在孵企业数(个) Number of Incubatees Received Incubator Fund (unit)
合　计	**Total**	**2948824**	**821986091**	**10771**	**54548533**	**10117**
东部地区	Eastern Region	1768759	571187894	7317	44681410	5356
中部地区	Middle Region	592834	111051458	1910	4012846	2386
西部地区	Western Region	415552	105666290	1149	4735355	1898
东北地区	Northeast Region	171679	34080449	395	1118922	477
北　京	Beijing	160156	68013053	535	8854081	199
天　津	Tianjin	58383	8559145	209	227113	209
河　北	Hebei	103120	18819488	219	247422	198
山　西	Shanxi	37716	6390344	76	102824	141
内蒙古	Inner Mongolia	25478	7517851	21	131631	25
辽　宁	Liaoning	55632	9390977	147	780156	169
吉　林	Jilin	58504	15288343	195	168535	203
黑龙江	Heilongjiang	57543	9401129	53	170230	105
上　海	Shanghai	84943	51944107	633	6721255	281
江　苏	Jiangsu	514853	168879388	2266	10947258	1655
浙　江	Zhejiang	187378	48961161	919	4952780	933
安　徽	Anhui	78328	15659073	230	1110557	294
福　建	Fujian	47594	13333538	235	874420	134
江　西	Jiangxi	60800	14009502	276	297617	410
山　东	Shandong	197023	58887016	571	1291408	701
河　南	Henan	158926	24098972	668	753819	916
湖　北	Hubei	144616	26658537	365	873077	402
湖　南	Hunan	112448	24235031	295	874953	223
广　东	Guangdong	408048	129846458	1722	10557523	1034
广　西	Guangxi	36796	7811937	123	221401	147
海　南	Hainan	7261	3944539	8	8150	12
重　庆	Chongqing	36000	5285600	99	199503	104
四　川	Sichuan	111337	33936376	354	2096525	828
贵　州	Guizhou	22950	6474216	33	138918	86
云　南	Yunnan	25313	5579476	24	27641	120
西　藏	Tibet	518	127001			
陕　西	Shaanxi	90395	24208627	372	1575107	343
甘　肃	Gansu	30023	4395771	55	205840	163
青　海	Qinghai	6575	2585235	5	15030	10
宁　夏	Ningxia	4955	1305085	4	3630	10
新　疆	Xinjiang	17884	4317625	43	104335	51
新疆兵团	Xinjiang Corps	7328	2121491	16	15795	11

3-6 各地区国家级科技企业孵化器基本情况
General Statistics of State Level TBIs by Region

地区	Region	统计孵化器数量（个）Number of TBIs with Data (unit)	孵化器总收入（千元）Total Income of TBIs (1000 yuan)	管理机构从业人员数（人）Number of Management Personnel (person)	孵化基金总额（千元）Total Incubator Fund (1000 yuan)	创业导师人数（人）Number of Innovation Mentors (person)	对公共技术服务平台投资额（千元）Investment into the Public Service Platform (1000 yuan)
合计	**Total**	**1155**	**18913706**	**22956**	**66814160**	**24852**	**4003275**
东部地区	Eastern Region	728	12431504	12846	48479267	14930	2845213
中部地区	Middle Region	188	2128709	3933	6345543	4015	552298
西部地区	Western Region	168	3513563	4513	10099178	4511	422922
东北地区	Northeast Region	71	839931	1664	1890173	1396	182842
北京	Beijing	61	2546509	1399	19357511	2155	177389
天津	Tianjin	33	227394	463	157734	647	22483
河北	Hebei	33	208540	665	382270	588	40218
山西	Shanxi	14	282594	399	166385	266	16742
内蒙古	Inner Mongolia	12	174928	1041	131980	582	23713
辽宁	Liaoning	30	370568	705	880500	487	35472
吉林	Jilin	22	324317	553	458073	602	110430
黑龙江	Heilongjiang	19	145046	406	551600	307	36941
上海	Shanghai	55	1025340	1038	4433063	922	76077
江苏	Jiangsu	201	3049005	3409	7568182	2932	1122479
浙江	Zhejiang	82	1172274	1393	5081200	2072	438929
安徽	Anhui	32	197255	509	723446	589	132243
福建	Fujian	15	393743	323	1580755	248	62946
江西	Jiangxi	21	363999	570	1487693	587	74242
山东	Shandong	96	988682	1581	4211219	2330	527084
河南	Henan	44	341657	907	703741	957	72172
湖北	Hubei	53	536698	919	1993241	1200	201567
湖南	Hunan	24	406506	629	1271037	416	55332
广东	Guangdong	150	2814802	2473	5457332	2983	367609
广西	Guangxi	15	144005	292	111700	248	19008
海南	Hainan	2	5215	102	250000	53	10000
重庆	Chongqing	19	138481	275	404980	493	14901
四川	Sichuan	34	746461	577	898813	751	160427
贵州	Guizhou	8	729284	268	532208	131	17587
云南	Yunnan	13	77340	256	50200	409	16008
西藏	Tibet	1		8	10000	24	200
陕西	Shaanxi	33	1048504	952	6728650	961	99221
甘肃	Gansu	10	172594	259	816547	183	37554
青海	Qinghai	6	100764	247	322000	387	5078
宁夏	Ningxia	4	31505	85	17600	37	2206
新疆	Xinjiang	9	139255	187	66500	219	25813
新疆兵团	Xinjiang Corps	4	10443	66	8000	86	1207

注：截至2019年底，全国共有国家级孵化器1177家，其中上报数据的国家级孵化器1155家，表中有关数据均为1155家上报数据的国家级孵化器汇总数据。

3-7 各地区国家级科技企业孵化器孵化企业情况

Tenants Statistics of State Level TBIs by Region

单位：个 (unit)

地区	Region	在孵企业数 Number of Tenants	高新技术企业 Hi-tech Enterprises	当年新增在孵企业 New Incubatees	累计毕业企业 Accumulated Number of Graduated Tenants	当年毕业企业 Number of Graduated Tenants of the Year	收入达5千万元企业数 Number of Tenants with Income More than 50 million yuan
合　计	**Total**	**95559**	**9177**	**23460**	**99622**	**12164**	**2728**
东部地区	Eastern Region	58941	6071	14037	63209	7700	1890
中部地区	Middle Region	16814	1504	4066	16314	2009	493
西部地区	Western Region	13729	1152	3636	13539	1797	281
东北地区	Northeast Region	6075	450	1721	6560	658	64
北　京	Beijing	5477	1528	1463	8776	797	100
天　津	Tianjin	2531	196	634	2113	235	59
河　北	Hebei	2772	335	551	2359	264	67
山　西	Shanxi	887	132	227	994	164	19
内蒙古	Inner Mongolia	1003	83	204	830	115	9
辽　宁	Liaoning	2632	232	652	3127	274	25
吉　林	Jilin	1571	110	450	1477	208	37
黑龙江	Heilongjiang	1872	108	619	1956	176	2
上　海	Shanghai	3939	279	876	2985	258	106
江　苏	Jiangsu	17002	1510	3662	17046	2186	642
浙　江	Zhejiang	6970	468	1973	8357	1183	186
安　徽	Anhui	2526	169	643	2438	257	75
福　建	Fujian	1194	192	377	2180	197	115
江　西	Jiangxi	1858	112	460	1443	259	86
山　东	Shandong	7803	544	1813	8963	1033	226
河　南	Henan	4454	345	1052	4078	553	156
湖　北	Hubei	4526	461	1153	4825	507	72
湖　南	Hunan	2563	285	531	2536	269	85
广　东	Guangdong	10775	1013	2667	10329	1525	389
广　西	Guangxi	1481	74	524	1494	207	28
海　南	Hainan	478	6	21	101	22	
重　庆	Chongqing	1170	43	320	1554	188	12
四　川	Sichuan	3089	212	916	3116	365	84
贵　州	Guizhou	668	98	195	500	79	11
云　南	Yunnan	1283	63	256	1056	86	9
西　藏	Tibet	17	1	6	60		4
陕　西	Shaanxi	2502	456	551	3131	421	97
甘　肃	Gansu	829	55	209	515	100	6
青　海	Qinghai	306	23	74	389	55	2
宁　夏	Ningxia	233	8	55	252	21	3
新　疆	Xinjiang	770	16	218	475	69	16
新疆兵团	Xinjiang Corps	378	20	108	167	91	

3-8 各地区国家级科技企业孵化器孵化场地情况
Space Statistics of State Level TBIs by Region

单位：平方米 (sq.m)

地区	Region	总面积 Total Space Area	办公用房 Space for Office	企业用房 Space for Tenants	服务用房 Space for Service	其他 Others
合计	**Total**	**42801325**	**1393967**	**32163318**	**5632042**	**3611999**
东部地区	Eastern Region	26506754	853007	19898026	3400236	2355485
中部地区	Middle Region	6689722	219906	5088641	824087	557087
西部地区	Western Region	7191589	248525	5328473	1090351	524240
东北地区	Northeast Region	2413260	72529	1848177	317367	175188
北京	Beijing	1865461	40900	1390405	231423	202734
天津	Tianjin	738618	18106	604211	84488	31812
河北	Hebei	962252	45693	759678	93008	63873
山西	Shanxi	529147	12142	399780	70467	46758
内蒙古	Inner Mongolia	671126	68582	519110	75615	7820
辽宁	Liaoning	974131	33019	738671	139518	62924
吉林	Jilin	937307	26207	762132	113772	35195
黑龙江	Heilongjiang	501822	13303	347374	64077	77068
上海	Shanghai	1147682	47206	906815	120466	73196
江苏	Jiangsu	9239321	371757	6954589	1115400	797574
浙江	Zhejiang	2950073	76320	2347167	337652	188934
安徽	Anhui	810076	23789	584532	96596	105159
福建	Fujian	553847	11558	446700	64929	30660
江西	Jiangxi	843210	36389	681084	96876	28862
山东	Shandong	4484399	119640	3275078	609786	479895
河南	Henan	1655398	53233	1332286	220663	49217
湖北	Hubei	1648977	55132	1248277	203994	141574
湖南	Hunan	1202913	39221	842682	135491	185519
广东	Guangdong	4514802	121087	3168823	738085	486806
广西	Guangxi	690940	18216	467623	104256	100845
海南	Hainan	50300	740	44560	5000	
重庆	Chongqing	358399	17206	270799	55011	15383
四川	Sichuan	1289761	29452	921895	192537	145877
贵州	Guizhou	653543	15569	514502	104653	18820
云南	Yunnan	446959	12487	362474	55195	16804
西藏	Tibet	2395	200	1600	595	
陕西	Shaanxi	1431133	32015	1105098	206146	87875
甘肃	Gansu	413761	10200	255477	89672	58413
青海	Qinghai	571065	13937	435000	95886	26241
宁夏	Ningxia	200100	16183	156912	19540	7465
新疆	Xinjiang	350470	12648	242895	78748	16180
新疆兵团	Xinjiang Corps	111937	1830	75090	12500	22517

3-9 各地区国家级科技企业孵化器当年在孵企业情况

General Statistics of Tenants of State Level TBIs by Region

地区	Region	在孵企业从业人员数（人）Number of Employees of Incubatees (person)	在孵企业总收入（千元）Total Income of Incubatees (1000 yuan)	当年获得投融资企业数（个）Number of Incubateess Obtained Investment and Finance (unit)	当年获风险投资额（千元）Amount of Venture Capital for Incubatees (1000 yuan)	当年获得孵化基金在孵企业数（个）Number of Incubatees Received Incubator Fund (unit)
合　计	**Total**	**1451592**	**397634877**	**6738**	**34440292**	**5627**
东部地区	Eastern Region	873772	276458571	4467	28057878	2804
中部地区	Middle Region	282443	56234581	1216	2928426	1312
西部地区	Western Region	209207	46682486	762	2845843	1185
东北地区	Northeast Region	86170	18259239	293	608146	326
北　京	Beijing	113905	53376331	401	6101569	138
天　津	Tianjin	39641	5230017	160	182849	106
河　北	Hebei	41330	8639088	154	111807	91
山　西	Shanxi	13747	2507998	40	61502	26
内蒙古	Inner Mongolia	14565	5584037	10	78801	17
辽　宁	Liaoning	39918	7433423	111	410192	123
吉　林	Jilin	28968	7504899	158	135780	174
黑龙江	Heilongjiang	17284	3320917	24	62174	29
上　海	Shanghai	47169	20871216	407	5139189	130
江　苏	Jiangsu	264687	88334490	1252	6635465	685
浙　江	Zhejiang	84768	19325924	613	2078227	679
安　徽	Anhui	32090	5507252	149	858990	150
福　建	Fujian	20147	4304828	179	704445	72
江　西	Jiangxi	34286	9855450	203	222554	251
山　东	Shandong	103967	25854231	416	844548	486
河　南	Henan	89637	14990718	439	541142	575
湖　北	Hubei	64655	13459371	180	525119	188
湖　南	Hunan	48028	9913792	205	719119	122
广　东	Guangdong	153865	48470791	882	6255029	415
广　西	Guangxi	16525	3486888	76	118804	67
海　南	Hainan	4293	2051655	3	4750	2
重　庆	Chongqing	15465	2403358	52	83883	40
四　川	Sichuan	47926	6956434	218	985953	520
贵　州	Guizhou	10428	2646666	25	112592	66
云　南	Yunnan	15307	3813840	22	27341	100
西　藏	Tibet	518	127001			
陕　西	Shaanxi	58667	15436231	296	1203804	253
甘　肃	Gansu	10322	1638279	26	189280	86
青　海	Qinghai	4255	1527053	5	15030	9
宁　夏	Ningxia	2598	754012			10
新　疆	Xinjiang	8945	1305366	20	15610	16
新疆兵团	Xinjiang Corps	3686	1003323	12	14745	1

3-10 计划单列市科技企业孵化器基本情况
General Statistics of TBIs of the Cities Listed Independently in the State Plan

地 区	Region	统计孵化器数量（个）Number of TBIs with Data (unit)	孵化器总收入（千元）Total Income of TBIs (1000 yuan)	管理机构从业人员数（人）Number of Management Personnel (person)	孵化基金总额（千元）Total Incubator Fund (1000 yuan)	创业导师人数（人）Number of Innovation Mentors (person)	对公共技术服务平台投资额（千元）Investment into the Public Service Platform (1000 yuan)
合 计	**Total**	**331**	**4795042**	**5547**	**13124551**	**4248**	**436688**
大 连	Dalian	35	180856	577	168950	416	24900
宁 波	Ningbo	22	187559	304	1033976	502	16664
厦 门	Xiamen	36	487436	587	2204755	678	36210
青 岛	Qingdao	51	337973	616	4209834	975	132353
深 圳	Shenzhen	187	3601218	3463	5507036	1677	226562

3-11 计划单列市科技企业孵化器孵化企业情况
Tenants Statistics of TBIs of the Cities Listed Independently in the State Plan

单位：个 (unit)

地 区	Region	在孵企业数 Number of Tenants	高新技术企业 Hi-tech Enterprises	当年新增在孵企业 New Incubatees	累计毕业企业 Accumulated Number of Graduated Tenants	当年毕业企业 Number of Graduated Tenants of the Year	收入达5千万元企业数 Number of Tenants with Income More than 50 million yuan
合 计	**Total**	**13430**	**1472**	**3941**	**14211**	**2183**	**305**
大 连	Dalian	1666	137	424	2075	180	14
宁 波	Ningbo	1721	50	515	1843	404	39
厦 门	Xiamen	1455	213	447	1781	238	115
青 岛	Qingdao	2353	193	537	1803	297	35
深 圳	Shenzhen	6235	879	2018	6709	1064	102

3-12 计划单列市科技企业孵化器孵化场地情况
Space Statistics of TBIs of the Cities Listed Independently in the State Plan

单位：平方米 (sq.m)

地 区	Region	总面积 Total Space Area	办公用房 Space for Office	企业用房 Space for Tenants	服务用房 Space for Service	其他 Others
合 计	**Total**	**7447543**	**554369**	**5485463**	**888725**	**518985**
大 连	Dalian	805902	18076	603820	101605	82401
宁 波	Ningbo	721509	63867	512614	98747	46281
厦 门	Xiamen	977963	52962	724649	122467	77886
青 岛	Qingdao	994889	32334	739339	130911	92305
深 圳	Shenzhen	3947281	387130	2905042	434995	220112

3-13 计划单列市科技企业孵化器当年在孵企业情况
Annual Statistics of Incubatees of TBIs of the Cities Listed Independently in the State Plan

地 区	Region	在孵企业从业人员数（人） Number of Employees of Incubatees (person)	在孵企业总收入（千元） Total Income of Incubatees (1000 yuan)	当年获得投融资企业数（个） Number of Incubatees Obtained Investment and Finance (unit)	当年获风险投资额（千元） Amount of Venture Capital for Incubatees (1000 yuan)	当年获得孵化基金在孵企业数（个） Number of Incubatees Received Incubator Fund (unit)
合 计	**Total**	**194816**	**69359871**	**875**	**6379016**	**524**
大 连	Dalian	21270	3803266	85	297637	88
宁 波	Ningbo	18058	5403368	153	551128	103
厦 门	Xiamen	21019	4556598	167	587399	75
青 岛	Qingdao	25038	10044743	114	533026	80
深 圳	Shenzhen	109431	45551896	356	4409827	178

3-14 计划单列市国家级科技企业孵化器基本情况

General Statistics of State Level TBIs of the Cities Listed Independently in the State Plan

地 区	Region	统计孵化器数 量 (个) Number of TBIs with Data (unit)	孵化器总收入 (千元) Total Income of TBIs (1000 yuan)	管理机构从业人员数 (人) Number of Management Personnel (person)	孵化基金总 额 (千元) Total Incubator Fund (1000 yuan)	创业导师人 数 (人) Number of Innovation Mentors (person)	对公共技术服务平台投资额 (千元) Investment into the Public Service Platform (1000 yuan)
合 计	**Total**	**79**	**1492131**	**1551**	**4144295**	**1642**	**204803**
大 连	Dalian	12	110252	224	135200	151	12682
宁 波	Ningbo	11	141550	207	382646	321	11664
厦 门	Xiamen	7	344524	201	1491755	109	10675
青 岛	Qingdao	19	263643	313	529934	532	101718
深 圳	Shenzhen	30	632162	606	1604760	529	68064

3-15 计划单列市国家级科技企业孵化器孵化企业情况

Tenants Statistics of State Level TBIs of the Cities Listed Independently in the State Plan

单位：个 (unit)

地 区	Region	在孵企业数 Number of Tenants	高新技术企 业 Hi-tech Enterprises	当年新增在孵企业 New Incubatees	累计毕业企 业 Accumulated Number of Graduated Tenants	当年毕业企 业 Number of Graduated Tenants of the Year	收入达5千万元企业数 Number of Tenants with Income More than 50 million yuan
合 计	**Total**	**6386**	**743**	**1754**	**9303**	**1170**	**232**
大 连	Dalian	831	116	215	1419	93	14
宁 波	Ningbo	1279	44	430	1589	359	32
厦 门	Xiamen	716	120	234	1325	113	112
青 岛	Qingdao	1351	126	293	1555	207	31
深 圳	Shenzhen	2209	337	582	3415	398	43

3-16 计划单列市国家级科技企业孵化器孵化场地情况
Space Statistics of State Level TBIs of the Cities Listed Independently in the State Plan

单位：平方米 (sq.m)

地区	Region	总面积 Total Space Area	办公用房 Space for Office	企业用房 Space for Tenants	服务用房 Space for Service	其他 Others
合计	**Total**	**2712782**	**77834**	**2099836**	**345894**	**189219**
大连	Dalian	346966	7243	248834	50283	40607
宁波	Ningbo	478182	22991	350936	72235	32020
厦门	Xiamen	344437	7664	280290	39021	17461
青岛	Qingdao	694243	14927	515366	81289	82661
深圳	Shenzhen	848954	25009	704410	103066	16470

3-17 计划单列市国家级科技企业孵化器当年在孵企业情况
General Statistics of Tenants of State Level TBIs of the Cities Listed Independently in the State Plan

地区	Region	在孵企业从业人员数（人） Number of Employees of Incubatees (person)	在孵企业总收入（千元） Total Income of Incubatees (1000 yuan)	当年获得投融资企业数（个） Number of Incubateess Obtained Investment and Finance (unit)	当年获风险投资额（千元） Amount of Venture Capital for Incubatees (1000 yuan)	当年获得孵化基金在孵企业数（个） Number of Incubatees Received Incubator Fund (unit)
合计	**Total**	**87135**	**26398130**	**606**	**3823889**	**344**
大连	Dalian	9756	2348194	60	280143	61
宁波	Ningbo	14328	4279531	141	487958	101
厦门	Xiamen	13267	2495162	139	516035	63
青岛	Qingdao	17504	4642160	71	257508	59
深圳	Shenzhen	32280	12633083	195	2282246	60

第四部分

众创空间

The Fourth Part

Mass Maker Spaces

4-1 各地区众创空间基本运营情况

General Statistics of Mass Maker Spaces by Region

地区	Region	统计众创空间数量（个）Number of Mass Maker Spaces with Data (unit)	众创空间总收入（千元）Total Income of Mass Maker Spaces (1000 yuan)	提供工位数（个）Number of Cubicles Offered (unit)	众创空间服务人员数量（人）Number of Service Personnel (person)	创业导师人数（人）Number of Innovation Mentors (person)	享受财政资金支持额（千元）Received Fiscial Fund Support (1000 yuan)
合　计	**Total**	**8000**	**20371514**	**1486495**	**94999**	**160476**	**3528364**
东部地区	Eastern Region	4612	13304703	866386	50592	86493	2199227
中部地区	Middle Region	1512	3229349	304752	19180	29895	687035
西部地区	Western Region	1518	3148374	254117	20753	35132	507393
东北地区	Northeast Region	358	689088	61240	4474	8956	134709
北　京	Beijing	245	4686365	173875	5294	9467	323829
天　津	Tianjin	191	266513	35629	1965	7056	56258
河　北	Hebei	513	348755	61584	5819	9153	54943
山　西	Shanxi	314	460104	55717	4470	4936	88146
内蒙古	Inner Mongolia	148	212454	24319	2288	3137	77175
辽　宁	Liaoning	194	426464	38649	2529	6055	94292
吉　林	Jilin	110	217863	16994	1458	2023	25233
黑龙江	Heilongjiang	54	44761	5597	487	878	15184
上　海	Shanghai	164	827524	53550	1748	3762	344756
江　苏	Jiangsu	836	1747666	113662	8941	12311	537356
浙　江	Zhejiang	709	1476046	126404	7353	12992	387472
安　徽	Anhui	272	322015	35060	2941	3830	79442
福　建	Fujian	352	659761	56347	3648	7610	63111
江　西	Jiangxi	174	831010	71528	3054	5124	86789
山　东	Shandong	626	1096622	91809	7576	11318	215750
河　南	Henan	229	432854	47656	3096	5213	86646
湖　北	Hubei	337	809426	54747	3464	6020	204786
湖　南	Hunan	186	373940	40044	2155	4772	141225
广　东	Guangdong	952	2161010	148856	7988	12258	195317
广　西	Guangxi	136	116831	12636	1837	2476	29018
海　南	Hainan	24	34439	4670	260	566	20435
重　庆	Chongqing	214	416279	47301	2523	4863	86753
四　川	Sichuan	175	373688	37477	2050	5500	65863
贵　州	Guizhou	82	154671	10275	1332	1536	12295
云　南	Yunnan	122	229518	19986	1893	3560	22823
西　藏	Tibet	2	2000	96	13	28	1000
陕　西	Shaanxi	284	1145816	69888	3449	7495	157910
甘　肃	Gansu	207	329508	20079	3866	3624	25998
青　海	Qinghai	46	55789	3003	420	1212	7009
宁　夏	Ningxia	6	4840	467	55	130	3228
新　疆	Xinjiang	63	82801	6131	710	1270	15820
新疆兵团	Xinjiang Corps	33	24178	2459	317	301	2501

4-2 各地区众创空间服务情况
Service Statistics of Mass Maker Spaces by Region

地区	Region	当年服务的创业团队数量（个）Number of Serviced Entrepreneurial Groups (unit)	当年服务的初创企业的数量（个）Number of Serviced Startup Companies (unit)	举办创新创业活动（场次）Number of Activities for Business Creation and Innovation (item)	开展创业教育培训（场次）Number of Training Programs on Entrepreneurship (item)	当年获得技术支撑服务的团队和企业数量（个）Number of Groups and Startups Received Technical Support (unit)
合　计	**Total**	**233767**	**207082**	**149416**	**110424**	**97654**
东部地区	Eastern Region	117070	119015	77274	55937	52883
中部地区	Middle Region	57472	40442	35576	26254	21893
西部地区	Western Region	46327	34268	29302	22642	17138
东北地区	Northeast Region	12898	13357	7264	5591	5740
北　京	Beijing	18304	23858	7887	4204	8038
天　津	Tianjin	6568	6066	4307	2986	2683
河　北	Hebei	10993	7693	7715	8204	4677
山　西	Shanxi	10292	7958	8468	5918	2839
内蒙古	Inner Mongolia	5446	2703	2462	1912	1872
辽　宁	Liaoning	8664	10412	4622	3199	4075
吉　林	Jilin	2901	1561	1762	1557	1169
黑龙江	Heilongjiang	1333	1384	880	835	496
上　海	Shanghai	4945	7337	5313	2361	2787
江　苏	Jiangsu	17562	16381	11548	8455	7263
浙　江	Zhejiang	15000	15541	11502	8562	7611
安　徽	Anhui	4971	5786	4500	3594	2504
福　建	Fujian	7731	5541	5135	3744	2538
江　西	Jiangxi	13065	5305	6033	4854	5068
山　东	Shandong	14651	12401	10637	8286	6551
河　南	Henan	11885	6834	4497	3771	4761
湖　北	Hubei	12101	9618	7943	4907	4183
湖　南	Hunan	5158	4941	4135	3210	2538
广　东	Guangdong	20743	22618	12578	8623	10208
广　西	Guangxi	2859	2324	1732	1355	1091
海　南	Hainan	573	1579	652	512	527
重　庆	Chongqing	6975	5643	3882	3376	2535
四　川	Sichuan	6058	4103	4999	3145	1803
贵　州	Guizhou	2379	1362	1186	1872	669
云　南	Yunnan	5316	2469	2130	1899	1749
西　藏	Tibet	135	30	49	18	2
陕　西	Shaanxi	6955	7905	7054	4593	3742
甘　肃	Gansu	5849	3953	3528	2763	2390
青　海	Qinghai	1238	1009	601	516	344
宁　夏	Ningxia	188	188	140	96	85
新　疆	Xinjiang	2212	2171	960	775	561
新疆兵团	Xinjiang Corps	717	408	579	322	295

4-2 续表 continued

地 区	Region	当年获得投融资的创业团队数量（个）Number of Entrepreneurial Groups that Received Investment (unit)	当年获得投融资的初创企业数量（个）Number of Startup Companies that Received Investment (unit)	创业团队当年获得投融资总额（千元）Amount of Investment Received by Entrepreneurial Groups (1000 yuan)	初创企业当年获得投融资总额（千元）Amount of Investment Received by Startup Companies (1000 yuan)
合 计	**Total**	**9360**	**9379**	**20965592**	**66339909**
东部地区	Eastern Region	4627	5575	18019413	57646556
中部地区	Middle Region	2616	2068	1820364	4175912
西部地区	Western Region	1819	1479	956650	3365266
东北地区	Northeast Region	298	257	169165	1152176
北 京	Beijing	488	740	12018353	37550086
天 津	Tianjin	146	158	69626	668291
河 北	Hebei	260	228	80916	217933
山 西	Shanxi	230	221	95926	158382
内 蒙 古	Inner Mongolia	92	53	40955	30333
辽 宁	Liaoning	203	186	97119	1084278
吉 林	Jilin	79	45	51166	51208
黑 龙 江	Heilongjiang	16	26	20880	16690
上 海	Shanghai	228	434	2579290	10177363
江 苏	Jiangsu	846	961	730553	1668405
浙 江	Zhejiang	753	1055	829180	2218765
安 徽	Anhui	411	372	129863	318060
福 建	Fujian	320	315	823693	613093
江 西	Jiangxi	524	429	588789	573701
山 东	Shandong	523	512	366742	398461
河 南	Henan	719	323	230790	414340
湖 北	Hubei	363	357	461228	1402856
湖 南	Hunan	369	366	313770	1308572
广 东	Guangdong	1051	1146	513028	4113492
广 西	Guangxi	187	176	50686	32746
海 南	Hainan	12	26	8033	20667
重 庆	Chongqing	274	241	204921	241723
四 川	Sichuan	174	168	136191	450009
贵 州	Guizhou	166	42	17367	11410
云 南	Yunnan	94	100	103498	100969
西 藏	Tibet		1	1000	1000
陕 西	Shaanxi	285	399	303821	2182039
甘 肃	Gansu	406	192	78214	57058
青 海	Qinghai	73	34	7680	206245
宁 夏	Ningxia	6	9	781	2840
新 疆	Xinjiang	31	41	4062	23995
新疆兵团	Xinjiang Corps	31	23	7475	24900

4-3 各地区众创空间创业团队和企业情况
Statistics of Groups and Startups of Mass Maker Spaces by Region

地区	Region	创业团队人员数量（人） Number of Employment by Entrepreneurial Groups (person)	应届大学毕业生（人） Number of Recruited College Graduates (person)	常驻创业团队拥有有效知识产权数量（个） Valid IPRs Held by Tenants (piece)	发明专利数量（个） Invention Patents (piece)	新注册企业数量（家） Newly Registered Companies (unit)
合　计	**Total**	**893008**	**155465**	**134319**	**26774**	**90503**
东部地区	Eastern Region	427275	70846	88450	17297	49687
中部地区	Middle Region	227099	47931	26294	5754	19696
西部地区	Western Region	176067	29351	16776	3087	15432
东北地区	Northeast Region	62567	7337	2799	636	5688
北　京	Beijing	88777	12501	42594	7278	9852
天　津	Tianjin	19721	2633	2570	655	2361
河　北	Hebei	34698	5467	3000	556	3514
山　西	Shanxi	39778	6896	3691	464	3761
内蒙古	Inner Mongolia	27911	4174	2349	390	952
辽　宁	Liaoning	48580	5221	1386	400	4356
吉　林	Jilin	9299	1271	1256	191	701
黑龙江	Heilongjiang	4688	845	157	45	631
上　海	Shanghai	15685	2006	2174	382	2310
江　苏	Jiangsu	58716	9680	10555	2567	7635
浙　江	Zhejiang	55056	9980	8255	2227	7336
安　徽	Anhui	21505	4204	2789	605	2131
福　建	Fujian	28149	4786	3758	496	2485
江　西	Jiangxi	58303	15651	4131	371	2715
山　东	Shandong	53452	10237	5771	1302	5671
河　南	Henan	38006	7757	5294	1206	2336
湖　北	Hubei	42914	7335	7429	2255	5727
湖　南	Hunan	26593	6088	2960	853	3026
广　东	Guangdong	70676	13291	9497	1752	8131
广　西	Guangxi	8405	1613	746	206	724
海　南	Hainan	2345	265	276	82	392
重　庆	Chongqing	29990	5198	3866	669	2931
四　川	Sichuan	25661	3707	1853	374	2104
贵　州	Guizhou	8855	1459	1007	147	800
云　南	Yunnan	17558	3740	1350	245	973
西　藏	Tibet	375	25	3	2	35
陕　西	Shaanxi	26053	4647	2207	448	3811
甘　肃	Gansu	18625	3066	2819	489	1527
青　海	Qinghai	5178	435	161	41	275
宁　夏	Ningxia	444	107	24	2	98
新　疆	Xinjiang	5801	1014	278	35	915
新疆兵团	Xinjiang Corps	1211	166	113	39	287

4-3 续表 continued

地 区	Region	初创企业吸纳就业人数（人）Number of Employment by Startups (person)	应届大学毕业生（人）Number of Recruited College Graduates (person)	常驻初创企业拥有有效知识产权数量（个）Valid IPRs Held by Startups (piece)	发明专利数量（个）Invention Patents (piece)
合 计	**Total**	**1016734**	**165721**	**208318**	**35292**
东部地区	Eastern Region	565817	86127	143632	25291
中部地区	Middle Region	209614	43470	33088	5260
西部地区	Western Region	169770	28182	26765	3948
东北地区	Northeast Region	71533	7942	4833	793
北 京	Beijing	158217	21314	54075	9629
天 津	Tianjin	22250	3633	4856	1051
河 北	Hebei	28825	4154	2832	407
山 西	Shanxi	31529	5419	3861	322
内 蒙 古	Inner Mongolia	13698	2331	1586	243
辽 宁	Liaoning	58661	5509	2732	447
吉 林	Jilin	5522	942	633	103
黑 龙 江	Heilongjiang	7350	1491	1468	243
上 海	Shanghai	41488	4043	11806	2060
江 苏	Jiangsu	73306	11670	19350	3873
浙 江	Zhejiang	75151	12900	11030	2230
安 徽	Anhui	27505	5109	5844	945
福 建	Fujian	23022	3952	6962	646
江 西	Jiangxi	35786	11554	4062	343
山 东	Shandong	53420	9812	6360	1236
河 南	Henan	32566	7010	6147	918
湖 北	Hubei	48628	8333	8526	1532
湖 南	Hunan	33600	6045	4648	1200
广 东	Guangdong	85524	14050	25039	4044
广 西	Guangxi	7892	1307	700	179
海 南	Hainan	4614	599	1322	115
重 庆	Chongqing	29026	4265	4919	841
四 川	Sichuan	26665	3690	3128	688
贵 州	Guizhou	6989	3149	660	64
云 南	Yunnan	12358	1626	1637	213
西 藏	Tibet	73	35		
陕 西	Shaanxi	43260	7223	11473	1184
甘 肃	Gansu	15355	2354	1516	348
青 海	Qinghai	4142	388	302	50
宁 夏	Ningxia	709	71	170	9
新 疆	Xinjiang	8347	1543	537	59
新疆兵团	Xinjiang Corps	1256	200	137	70

4-4 各地区众创空间收入情况
Income Statistics of Mass Maker Space by Region

单位：千元 (1000 yuan)

地区	Region	众创空间总收入 Total Income	服务收入 Service Income	房租及物业收入 Rent and Logistics Income	投资收入 Investment Income	财政补贴 Fiscal Subsidy
合　计	**Total**	**20371514**	**6798091**	**6204140**	**1069689**	**2992741**
东部地区	Eastern Region	13304703	4270681	4786629	593518	1674794
中部地区	Middle Region	3229349	996408	726820	185455	618013
西部地区	Western Region	3148374	1284811	600968	263324	555042
东北地区	Northeast Region	689088	246191	89723	27393	144892
北　京	Beijing	4686365	1107292	2131037	96359	315531
天　津	Tianjin	266513	84553	78388	24894	60140
河　北	Hebei	348755	110948	76201	17496	97914
山　西	Shanxi	460104	143431	100664	41379	96345
内蒙古	Inner Mongolia	212454	85566	50245	13268	43951
辽　宁	Liaoning	426464	153020	60164	6930	96727
吉　林	Jilin	217863	73207	25351	20295	28550
黑龙江	Heilongjiang	44761	19964	4208	168	19615
上　海	Shanghai	827524	282108	391356	7732	131213
江　苏	Jiangsu	1747666	678951	406238	122225	326670
浙　江	Zhejiang	1476046	519263	445374	102936	272388
安　徽	Anhui	322015	112201	89181	22706	65152
福　建	Fujian	659761	230193	167250	66045	97680
江　西	Jiangxi	831010	201147	150977	45249	66043
山　东	Shandong	1096622	405170	163968	69257	213042
河　南	Henan	432854	116732	97688	37639	67725
湖　北	Hubei	809426	308389	211531	20484	221447
湖　南	Hunan	373940	114509	76779	17999	101301
广　东	Guangdong	2161010	834967	923374	86217	150364
广　西	Guangxi	116831	35979	11638	27168	32235
海　南	Hainan	34439	17236	3443	354	9852
重　庆	Chongqing	416279	159371	116829	18303	87416
四　川	Sichuan	373688	148427	73630	11573	93703
贵　州	Guizhou	154671	67245	35928	8180	19996
云　南	Yunnan	229518	69549	53033	17999	30256
西　藏	Tibet	2000				2000
陕　西	Shaanxi	1145816	563852	177855	96784	147065
甘　肃	Gansu	329508	98414	57340	62094	59514
青　海	Qinghai	55789	18560	3090	830	7957
宁　夏	Ningxia	4840	1489	301	1123	1200
新　疆	Xinjiang	82801	29104	16420	790	27085
新疆兵团	Xinjiang Corps	24178	7255	4660	5212	2664

4-5 各地区国家备案众创空间基本运营情况

General Statistics of National Mass Maker Spaces by Region

地 区	Region	统计众创*空间数量（个） Number of Mass Maker Spaces with Data (unit)	众创空间总收入（千元） Total Income of Mass Maker Spaces (1000 yuan)	提供工位数（个） Number of Cubicles Offered (unit)	众创空间服务人员数量（人） Number of Service Personnel (person)	创业导师人数（人） Number of Innovation Mentors (person)	享受财政资金支持额（千元） Received Fiscial Fund Support (1000 yuan)
合 计	**Total**	**1819**	**6560976**	**483828**	**23933**	**59630**	**1370654**
东部地区	Eastern Region	1087	4772147	308038	13522	33660	896049
中部地区	Middle Region	256	709791	71233	3662	9184	169479
西部地区	Western Region	373	883475	80709	4987	13369	239483
东北地区	Northeast Region	103	195563	23848	1762	3417	65643
北 京	Beijing	139	2515357	131593	3684	7599	137948
天 津	Tianjin	73	91285	12438	785	3640	21923
河 北	Hebei	77	67823	12700	770	1800	27698
山 西	Shanxi	32	65322	7880	468	1024	14735
内蒙古	Inner Mongolia	39	28330	7745	472	1246	58250
辽 宁	Liaoning	60	109891	15805	1062	2212	56659
吉 林	Jilin	18	52335	4043	414	566	3050
黑龙江	Heilongjiang	25	33336	4000	286	639	5934
上 海	Shanghai	60	342711	21309	691	2465	293439
江 苏	Jiangsu	166	472032	27487	1850	3716	124910
浙 江	Zhejiang	113	264176	22588	1070	3920	114987
安 徽	Anhui	40	65532	6426	496	934	14958
福 建	Fujian	50	87380	10513	413	1366	14695
江 西	Jiangxi	42	216028	27099	931	1500	35261
山 东	Shandong	182	233514	27930	1949	4342	49466
河 南	Henan	38	53773	11217	529	1715	17089
湖 北	Hubei	59	194243	10275	738	1859	48756
湖 南	Hunan	45	114893	8336	500	2152	38680
广 东	Guangdong	222	693578	40098	2246	4611	95053
广 西	Guangxi	20	19662	2358	167	656	2127
海 南	Hainan	5	4290	1382	64	201	15930
重 庆	Chongqing	42	166544	15075	624	1083	29057
四 川	Sichuan	62	166126	16503	802	3005	32236
贵 州	Guizhou	23	47203	3016	307	467	2410
云 南	Yunnan	33	44759	5845	620	1224	8807
西 藏	Tibet	2	2000	96	13	28	1000
陕 西	Shaanxi	71	291134	22345	1056	3510	88233
甘 肃	Gansu	29	71777	2749	433	739	5319
青 海	Qinghai	11	5502	760	107	447	859
宁 夏	Ningxia	6	4840	467	55	130	3228
新 疆	Xinjiang	23	30152	2457	223	734	6495
新疆兵团	Xinjiang Corps	12	5445	1293	108	100	1461

注：截至2019年底，全国共有国家备案众创空间1888家，其中上报数据的国家备案众创空间1819家，表中有关数据均为1819家上报数据的国家备案众创空间汇总数据。

4-6 各地区国家备案众创空间服务情况
Service Statistics of National Mass Maker Spaces by Region

地区	Region	当年服务的创业团队数量 (个) Number of Serviced Entrepreneurial Groups (unit)	当年服务的初创企业的数量 (个) Number of Serviced Startup Companies (unit)	举办创新创业活动 (场次) Number of Activities for Business Creation and Innovation (item)	开展创业教育培训 (场次) Number of Training Programs on Entrepreneurship (item)	当年获得技术支撑服务的团队和企业数量 (个) Number of Groups and Startups Received Technical Support (unit)
合　计	**Total**	**81446**	**79303**	**48643**	**35293**	**35050**
东部地区	Eastern Region	45272	47866	27886	19285	21046
中部地区	Middle Region	13899	10805	8145	6231	5223
西部地区	Western Region	15621	11987	9476	7399	6495
东北地区	Northeast Region	6654	8645	3136	2378	2286
北　京	Beijing	13622	18307	5831	2755	6167
天　津	Tianjin	2844	2150	1893	1182	1306
河　北	Hebei	2619	1859	1381	3297	1022
山　西	Shanxi	1547	1602	964	781	320
内蒙古	Inner Mongolia	2296	1330	891	572	1006
辽　宁	Liaoning	4888	7243	1977	1316	1705
吉　林	Jilin	872	435	577	435	265
黑龙江	Heilongjiang	894	967	582	627	316
上　海	Shanghai	2945	3726	2772	1346	1548
江　苏	Jiangsu	4958	4863	2999	1923	2113
浙　江	Zhejiang	3821	4222	3590	2344	2330
安　徽	Anhui	1335	1842	994	696	876
福　建	Fujian	1424	1158	1064	564	526
江　西	Jiangxi	2758	1648	2238	1567	667
山　东	Shandong	5118	3831	3978	2723	2174
河　南	Henan	2290	1620	857	877	1408
湖　北	Hubei	3937	2456	1902	1229	1054
湖　南	Hunan	2032	1637	1190	1081	898
广　东	Guangdong	7597	6937	4176	2921	3680
广　西	Guangxi	861	780	302	212	237
海　南	Hainan	324	813	202	230	180
重　庆	Chongqing	1630	1711	1157	1316	667
四　川	Sichuan	3223	1724	2190	1570	957
贵　州	Guizhou	1082	475	519	251	273
云　南	Yunnan	1531	879	547	569	514
西　藏	Tibet	135	30	49	18	2
陕　西	Shaanxi	2167	2536	2335	1852	1556
甘　肃	Gansu	1151	909	595	372	617
青　海	Qinghai	276	410	234	150	174
宁　夏	Ningxia	188	188	140	96	85
新　疆	Xinjiang	745	861	406	318	274
新疆兵团	Xinjiang Corps	336	154	111	103	133

地区	Region	当年获得投融资的创业团队数量（个） Number of Entrepreneurial Groups that Received Investment (unit)	当年获得投融资的初创企业数量（个） Number of Startup Companies that Received Investment (unit)	创业团队当年获得投融资总额（千元） Amount of Investment Received by Entrepreneurial Groups (1000 yuan)	初创企业当年获得投融资总额（千元） Amount of Investment Received by Startup Companies (1000 yuan)
合　计	**Total**	**2664**	**2866**	**11863643**	**43748635**
东部地区	Eastern Region	1490	1903	11035054	40148211
中部地区	Middle Region	408	369	454667	681045
西部地区	Western Region	630	501	314302	1974958
东北地区	Northeast Region	136	93	59620	944421
北　京	Beijing	328	527	8881025	34742910
天　津	Tianjin	47	47	16165	100006
河　北	Hebei	93	57	29438	162295
山　西	Shanxi	18	19	2960	8162
内蒙古	Inner Mongolia	50	24	25330	16943
辽　宁	Liaoning	81	61	30990	926881
吉　林	Jilin	41	11	8250	2900
黑龙江	Heilongjiang	14	21	20380	14640
上　海	Shanghai	132	224	1428132	2115078
江　苏	Jiangsu	219	246	169915	414161
浙　江	Zhejiang	193	292	111835	643608
安　徽	Anhui	30	61	16790	61565
福　建	Fujian	41	50	42860	92600
江　西	Jiangxi	99	87	161754	120334
山　东	Shandong	130	93	125701	98022
河　南	Henan	62	72	18173	40969
湖　北	Hubei	102	59	115263	322457
湖　南	Hunan	97	71	139727	127558
广　东	Guangdong	304	365	228501	1776735
广　西	Guangxi	34	46	8185	3940
海　南	Hainan	3	2	1483	2797
重　庆	Chongqing	127	70	37938	57583
四　川	Sichuan	55	53	83150	209940
贵　州	Guizhou	135	10	12697	9264
云　南	Yunnan	47	40	61297	27644
西　藏	Tibet		1	1000	1000
陕　西	Shaanxi	126	178	61866	1425480
甘　肃	Gansu	31	38	19272	15160
青　海	Qinghai	4	13	600	200650
宁　夏	Ningxia	6	9	781	2840
新　疆	Xinjiang	7	13	1432	4184
新疆兵团	Xinjiang Corps	8	6	755	330

4-7 各地区国家备案众创空间创业团队和企业情况

Statistics of Groups and Startups of National Mass Maker Spaces by Region

地区	Region	创业团队人员数量 (人) Number of Employment by Entrepreneurial Groups (person)	应届大学毕业生 (人) Number of Recruited College Graduates (person)	常驻创业团队拥有有效知识产权数量 (个) Valid IPRs Held by Tenants (piece)	发明专利数量 (个) Invention Patents (piece)	新注册企业数量 (家) Newly Registered Companies (unit)
合　计	**Total**	**317265**	**55534**	**47182**	**8068**	**31467**
东部地区	Eastern Region	173119	27250	33409	5569	18585
中部地区	Middle Region	51271	12073	6583	1257	5078
西部地区	Western Region	65346	12601	5952	943	4643
东北地区	Northeast Region	27529	3610	1238	299	3161
北　京	Beijing	67189	7252	18180	2320	7083
天　津	Tianjin	8509	1344	1112	210	794
河　北	Hebei	8619	1605	831	170	733
山　西	Shanxi	6119	1198	435	27	757
内蒙古	Inner Mongolia	14112	2450	1503	125	370
辽　宁	Liaoning	21468	2339	621	167	2598
吉　林	Jilin	2952	568	497	93	127
黑龙江	Heilongjiang	3109	703	120	39	436
上　海	Shanghai	9545	1248	855	146	1304
江　苏	Jiangsu	16015	3100	3179	795	1963
浙　江	Zhejiang	14013	2693	2309	546	1779
安　徽	Anhui	4456	715	790	126	541
福　建	Fujian	4706	659	778	89	520
江　西	Jiangxi	11259	4889	956	134	652
山　东	Shandong	17514	3747	2406	539	1797
河　南	Henan	7772	1808	1026	295	474
湖　北	Hubei	12656	1716	2223	451	1988
湖　南	Hunan	9009	1747	1153	224	666
广　东	Guangdong	26154	5579	3653	744	2426
广　西	Guangxi	2451	748	151	65	162
海　南	Hainan	855	23	106	10	186
重　庆	Chongqing	8165	2611	1410	170	633
四　川	Sichuan	14915	2138	972	199	793
贵　州	Guizhou	4343	530	248	42	233
云　南	Yunnan	4416	679	345	80	294
西　藏	Tibet	375	25	3	2	35
陕　西	Shaanxi	7760	1761	714	98	978
甘　肃	Gansu	4291	913	312	113	333
青　海	Qinghai	849	140	23	2	103
宁　夏	Ningxia	444	107	24	2	98
新　疆	Xinjiang	2490	409	178	16	483
新疆兵团	Xinjiang Corps	735	90	69	29	128

4-7 续表 continued

地 区	Region	初创企业吸纳就业人数（人）Number of Employment by Startups (person)	应届大学毕业生（人）Number of Recruited College Graduates (person)	常驻初创企业拥有有效知识产权数量（个）Valid IPRs Held by Startups (piece)	发明专利数量（个）Invention Patents (piece)
合 计	**Total**	**416305**	**62758**	**86701**	**13554**
东部地区	Eastern Region	246799	35730	58294	10088
中部地区	Middle Region	57003	12860	10691	1439
西部地区	Western Region	63597	10225	14628	1558
东北地区	Northeast Region	48906	3943	3088	469
北 京	Beijing	115024	13924	26006	4587
天 津	Tianjin	10068	1732	2467	304
河 北	Hebei	7017	1300	1227	158
山 西	Shanxi	6974	1379	1282	68
内蒙古	Inner Mongolia	6953	1192	1282	150
辽 宁	Liaoning	41991	2608	1519	237
吉 林	Jilin	1624	315	261	21
黑龙江	Heilongjiang	5291	1020	1308	211
上 海	Shanghai	22835	2037	4326	727
江 苏	Jiangsu	22738	4135	7422	1076
浙 江	Zhejiang	20378	3859	3521	722
安 徽	Anhui	6991	1268	2752	290
福 建	Fujian	3959	540	2016	188
江 西	Jiangxi	11161	4778	1143	130
山 东	Shandong	16277	2867	2454	584
河 南	Henan	7684	1633	1491	165
湖 北	Hubei	15697	2244	2726	524
湖 南	Hunan	8496	1558	1297	262
广 东	Guangdong	27324	5280	8615	1732
广 西	Guangxi	1913	219	70	18
海 南	Hainan	1179	56	240	10
重 庆	Chongqing	11978	1822	2151	323
四 川	Sichuan	12156	2211	1372	274
贵 州	Guizhou	1894	160	245	27
云 南	Yunnan	4233	571	580	127
西 藏	Tibet	73	35		
陕 西	Shaanxi	12978	2212	7863	460
甘 肃	Gansu	3441	700	289	74
青 海	Qinghai	2149	190	177	19
宁 夏	Ningxia	709	71	170	9
新 疆	Xinjiang	4664	730	343	41
新疆兵团	Xinjiang Corps	456	112	86	36

4-8 各地区国家备案众创空间收入情况

Income Statistics of National Mass Maker Space by Region

单位：千元 (1000 yuan)

地区	Region	众创空间总收入 Total Income	服务收入 Service Income	房租及物业收入 Rent and Logistics Income	投资收入 Investment Income	财政补贴 Fiscal Subsidy
合　计	**Total**	**6560976**	**2270957**	**2565722**	**251092**	**1024704**
东部地区	Eastern Region	4772147	1609164	2168741	141592	608920
中部地区	Middle Region	709791	297286	143188	28085	143272
西部地区	Western Region	883475	300956	224358	65145	209097
东北地区	Northeast Region	195563	63550	29436	16270	63416
北　京	Beijing	2515357	764832	1415462	50283	173427
天　津	Tianjin	91285	31515	30767	744	20039
河　北	Hebei	67823	12206	18918	3300	24299
山　西	Shanxi	65322	24875	14982	290	19535
内蒙古	Inner Mongolia	28330	8451	4272	1175	13331
辽　宁	Liaoning	109891	30086	20033	1089	40494
吉　林	Jilin	52335	19261	6285	15075	7372
黑龙江	Heilongjiang	33336	14204	3118	106	15550
上　海	Shanghai	342711	100117	152514	2947	82074
江　苏	Jiangsu	472032	196848	123865	54392	65681
浙　江	Zhejiang	264176	53507	110917	7653	79163
安　徽	Anhui	65532	26462	19173	8275	9964
福　建	Fujian	87380	17326	28933	6634	29848
江　西	Jiangxi	216028	96345	41933	13519	23367
山　东	Shandong	233514	99700	56720	3769	54933
河　南	Henan	53773	25670	9323	1209	13398
湖　北	Hubei	194243	91375	34043	2836	52899
湖　南	Hunan	114893	32559	23734	1955	24108
广　东	Guangdong	693578	331426	230275	11871	77225
广　西	Guangxi	19662	4929	3069	1791	7957
海　南	Hainan	4290	1687	371		2232
重　庆	Chongqing	166544	66970	53305	4413	32162
四　川	Sichuan	166126	61264	42160	1006	40418
贵　州	Guizhou	47203	9453	21352	1990	5716
云　南	Yunnan	44759	15257	11872	1400	5254
西　藏	Tibet	2000				2000
陕　西	Shaanxi	291134	96959	57679	42298	72847
甘　肃	Gansu	71777	21763	19480	9789	13433
青　海	Qinghai	5502	1580	1657		2140
宁　夏	Ningxia	4840	1489	301	1123	1200
新　疆	Xinjiang	30152	9742	8182	160	11376
新疆兵团	Xinjiang Corps	5445	3100	1029		1264

4-9 计划单列市众创空间基本运营情况
General Statistics of Mass Maker Spaces of the Cities Listed Independently in the State Plan

地 区	Region	统计众创空间数量（个）Number of Mass Maker Spaces with Data (unit)	众创空间总收入（千元）Total Income of Mass Maker Spaces (1000 yuan)	提供工位数（个）Number of Cubicles Offered (unit)	众创空间服务人员数量（人）Number of Service Personnel (person)	创业导师人数（人）Number of Innovation Mentors (person)	享受财政资金支持额（千元）Received Fiscial Fund Support (1000 yuan)
合 计	**Total**	**750**	**2388153**	**155482**	**7123**	**12691**	**303692**
大 连	Dalian	71	80831	8759	563	1543	7864
宁 波	Ningbo	67	313617	22097	1054	1825	138996
厦 门	Xiamen	150	378307	32059	1453	2735	31731
青 岛	Qingdao	137	173726	19165	1025	1866	37738
深 圳	Shenzhen	325	1441673	73402	3028	4722	87362

4-10 计划单列市众创空间服务情况
Service Statistics of Mass Maker Spaces of the Cities Listed Independently in the State Plan

地 区	Region	当年服务的创业团队数量（个）Number of Serviced Entrepreneurial Groups (unit)	当年服务的初创企业的数量（个）Number of Serviced Startup Companies (unit)	举办创新创业活动（场次）Number of Activities for Business Creation and Innovation (item)	开展创业教育培训（场次）Number of Training Programs on Entrepreneurship (item)	当年获得技术支撑服务的团队和企业数量（个）Number of Groups and Startups Received Technical Support (unit)
合 计	**Total**	**20164**	**19051**	**13291**	**8327**	**9293**
大 连	Dalian	3461	2793	1809	1281	1474
宁 波	Ningbo	4177	3674	1315	820	1603
厦 门	Xiamen	3695	2812	2104	1454	1369
青 岛	Qingdao	2966	2154	2908	1909	1382
深 圳	Shenzhen	5865	7618	5155	2863	3465

4-10 续表 continued

地 区	Region	当年获得投融资的创业团队数量（个）Number of Entrepreneurial Groups that Received Investment (unit)	当年获得投融资的初创企业数量（个）Number of Startup Companies that Received Investment (unit)	创业团队当年获得投融资总额（千元）Amount of Investment Received by Entrepreneurial Groups (1000 yuan)	初创企业当年获得投融资总额（千元）Amount of Investment Received by Startup Companies (1000 yuan)
合 计	**Total**	**564**	**810**	**1180381**	**4198143**
大 连	Dalian	88	87	12939	58254
宁 波	Ningbo	108	132	139923	607392
厦 门	Xiamen	109	129	698127	392997
青 岛	Qingdao	88	69	120233	114249
深 圳	Shenzhen	171	393	209160	3025252

4-11 计划单列市众创空间创业团队和企业情况

Statistics of Groups and Startups of Mass Maker Spaces of the Cities Listed Independently in the State Plan

地 区	Region	创业团队人员数量（人）Number of Employment by Entrepreneurial Groups (person)	应届大学毕业生（人）Number of Recruited College Graduates (person)	常驻创业团队拥有有效知识产权数量（个）Valid IPRs Held by Tenants (piece)	发明专利数量（个）Invention Patents (piece)	新注册企业数量（家）Newly Registered Companies (unit)
合 计	**Total**	**65909**	**9291**	**8750**	**1969**	**7960**
大 连	Dalian	15302	811	294	98	2213
宁 波	Ningbo	10920	1988	1617	596	1182
厦 门	Xiamen	13219	1847	1751	183	1240
青 岛	Qingdao	7911	1854	1977	402	1022
深 圳	Shenzhen	18557	2791	3111	690	2303

地 区	Region	初创企业吸纳就业人数(人) Number of Employment by Startups (person)	应届大学毕业生(人) Number of Recruited College Graduates (person)	常驻初创企业拥有有效知识产权数量(个) Valid IPRs Held by Startups (piece)	发明专利数量(个) Invention Patents (piece)
合 计	**Total**	**79341**	**11497**	**23425**	**4168**
大 连	Dalian	7243	966	1096	253
宁 波	Ningbo	17177	2878	2012	568
厦 门	Xiamen	9606	1200	4343	274
青 岛	Qingdao	7217	1513	1697	349
深 圳	Shenzhen	38098	4940	14277	2724

4-12 计划单列市众创空间收入情况
Income Statistics of Mass Maker Space of the Cities Listed Independently in the State Plan

单位：千元 (1000 yuan)

地 区	Region	众创空间总收入 Total Income	服务收入 Service Income	房租及物业收入 Rent and Logistics Income	投资收入 Investment Income	财政补贴 Fiscal Subsidy
合 计	**Total**	**2388153**	**819761**	**949835**	**64854**	**274557**
大 连	Dalian	80831	19018	17715	645	33950
宁 波	Ningbo	313617	33286	141761	1569	70503
厦 门	Xiamen	378307	120356	87608	40230	61133
青 岛	Qingdao	173726	83614	31958	4282	43918
深 圳	Shenzhen	1441673	563486	670793	18129	65052

4-13 计划单列市国家备案众创空间基本运营情况
General Statistics of National Mass Maker Spaces of the Cities Listed Independently in the State Plan

地 区	Region	统计众创空间数量（个）Number of Mass Maker Spaces with Data (unit)	众创空间总收入（千元）Total Income of Mass Maker Spaces (1000 yuan)	提供工位数（个）Number of Cubicles Offered (unit)	众创空间服务人员数量（人）Number of Service Personnel (person)	创业导师人数（人）Number of Innovation Mentors (person)	享受财政资金支持额（千元）Received Fiscial Fund Support (1000 yuan)
合 计	**Total**	**240**	**803903**	**48041**	**2402**	**5240**	**142865**
大 连	Dalian	24	35523	3511	183	422	4656
宁 波	Ningbo	23	122691	5241	267	719	71263
厦 门	Xiamen	31	62729	8021	270	817	10155
青 岛	Qingdao	75	106003	10735	601	1292	19169
深 圳	Shenzhen	87	476957	20533	1081	1990	37622

4-14 计划单列市国家备案众创空间服务情况
Service Statistics of National Mass Maker Spaces of the Cities Listed Independently in the State Plan

地 区	Region	当年服务的创业团队数量（个）Number of Serviced Entrepreneurial Groups (unit)	当年服务的初创企业的数量（个）Number of Serviced Startup Companies (unit)	举办创新创业活动（场次）Number of Activities for Business Creation and Innovation (item)	开展创业教育培训（场次）Number of Training Programs on Entrepreneurship (item)	当年获得技术支撑服务的团队和企业数量（个）Number of Groups and Startups Received Technical Support (unit)
合 计	**Total**	**9572**	**8049**	**5500**	**3477**	**4236**
大 连	Dalian	2393	1931	910	656	636
宁 波	Ningbo	1523	1615	421	230	595
厦 门	Xiamen	1052	825	720	331	366
青 岛	Qingdao	1971	1375	1734	1157	846
深 圳	Shenzhen	2633	2303	1715	1103	1793

4-14 续表 continued

地 区	Region	当年获得投融资的创业团队数量（个） Number of Entrepreneurial Groups that Received Investment (unit)	当年获得投融资的初创企业数量（个） Number of Startup Companies that Received Investment (unit)	创业团队当年获得投融资总额（千元） Amount of Investment Received by Entrepreneurial Groups (1000 yuan)	初创企业当年获得投融资总额（千元） Amount of Investment Received by Startup Companies (1000 yuan)
合 计	**Total**	**253**	**283**	**252166**	**1422434**
大 连	Dalian	29	21	1020	18572
宁 波	Ningbo	56	60	37533	195791
厦 门	Xiamen	27	28	34560	72350
青 岛	Qingdao	72	44	81423	71979
深 圳	Shenzhen	69	130	97630	1063742

4-15 计划单列市国家备案众创空间创业团队和企业情况
Statistics of Groups and Startups of National Mass Maker Spaces of the Cities Listed Independently in the State Plan

地 区	Region	创业团队人员数量（人） Number of Employment by Entrepreneurial Groups (person)	应届大学毕业生（人） Number of Recruited College Graduates (person)	常驻创业团队拥有有效知识产权数量（个） Valid IPRs Held by Tenants (piece)	发明专利数量（个） Invention Patents (piece)	新注册企业数量（家） Newly Registered Companies (unit)
合 计	**Total**	**26135**	**3723**	**4577**	**1117**	**3790**
大 连	Dalian	4471	296	167	81	1542
宁 波	Ningbo	5076	557	897	322	467
厦 门	Xiamen	3390	364	642	72	404
青 岛	Qingdao	5381	1306	1392	299	568
深 圳	Shenzhen	7817	1200	1479	343	809

4-15 续表 continued

地 区	Region	初创企业吸纳就业人数（人）Number of Employment by Startups (person)	应届大学毕业生（人）Number of Recruited College Graduates (person)	常驻初创企业拥有有效知识产权数量（个）Valid IPRs Held by Startups (piece)	发明专利数量（个）Invention Patents (piece)
合 计	**Total**	**28905**	**4521**	**9236**	**1926**
大 连	Dalian	4069	387	680	122
宁 波	Ningbo	6640	1255	811	220
厦 门	Xiamen	2828	348	1827	133
青 岛	Qingdao	4454	880	1025	259
深 圳	Shenzhen	10914	1651	4893	1192

4-16 计划单列市国家备案众创空间收入情况
Income Statistics of National Mass Maker Space of the Cities Listed Independently in the State Plan

单位：千元 (1000 yuan)

地 区	Region	众创空间总收入 Total Income	服务收入 Service Income	房租及物业收入 Rent and Logistics Income	投资收入 Investment Income	财政补贴 Fiscal Subsidy
合 计	**Total**	**803903**	**335658**	**257236**	**14786**	**145172**
大 连	Dalian	35523	10747	4090	315	19223
宁 波	Ningbo	122691	9121	72124	1200	34503
厦 门	Xiamen	62729	8413	20557	2600	26607
青 岛	Qingdao	106003	62155	10768	3136	24362
深 圳	Shenzhen	476957	245221	149697	7535	40476

第五部分

国家大学科技园

The Fifth Part

National University Science Parks

5-1 国家大学科技园主要经济指标

Main Economic Indicators of National University Science Parks

年 份 Year	大学科技园* (个) Number of University Science Parks (unit)	场地面积 (万平方米) Space Area (10000 sq.m)	在孵企业数 (个) Number of Tenants (unit)	当年新孵企业 (个) New Tenants of the Year (unit)	在孵企业总收入 (亿元) Total Income of Tenants (100 million yuan)	在孵企业人数 (万人) Number of Employees of Tenants (10000 person)	累计毕业企业 (个) Accumulated Number of Graduated Tenants (unit)
2004	42	478.4	4978	1120	226.2	6.5	1137
2005	49	500.5	6075	1213	271.9	11.0	1320
2006	62	517.0	6720	1348	295.0	13.6	1794
2007	62	528.3	6574	1359	295.1	12.9	1958
2008	68	698.2	6173	1294	247.2	12.5	2979
2009	76	814.3	6541	1396	498.9	13.9	3673
2010	86	814.5	6617	1858	221.6	12.8	4363
2011	85	766.7	6923	1673	170.5	13.1	5137
2012	94	919.4	7369	1787	206.7	13.2	5715
2013	94	775.9	8204	2028	262.1	14.7	6515
2014	115	801.7	9972	2828	361.2	16.3	7192
2015	115	745.9	10118	2837	277.2	14.6	8219
2016	115	737.8	9861	2573	289.5	13.2	9189
2017	115	793.8	10448	2696	340.0	13.7	9866
2018	115	708.6	10127	2720	325.0	12.8	10733
2019	115	599.6	9483	2820	325.7	12.3	12052

注：2019年有1家大学科技园未上报数据，所有指标为114家大学科技园的汇总数据。

5-2 各地区国家大学科技园基本情况
General Statistics of National University Science Parks by Region

地　区	Region	入统大学科技园数量（个） Number of University Science Parks (unit)	管理机构从业人员总数（人） Total Number of Administration Employees (person)	孵化基金总额（千元） Total Value of Incubation Fund (1000 yuan)	年末固定资产净值（千元） Year End Net Value of Fixed Asset (1000 yuan)	场地面积（平方米） Space Area (sq.m)
合　计	**Total**	**114**	**2608**	**1520654**	**4874712**	**5996259**
东部地区	Eastern Region	65	1481	997259	3822462	3516773
中部地区	Middle Region	12	338	251184	849157	1317954
西部地区	Western Region	23	491	107989	143761	730987
东北地区	Northeast Region	14	298	164222	59332	430545
北　京	Beijing	15	484	102462	456769	1051939
天　津	Tianjin	1	6		195	171900
河　北	Hebei	3	71	16500	72606	164267
山　西	Shanxi	1	22		3	17923
内蒙古	Inner Mongolia	1	37		2517	76232
辽　宁	Liaoning	6	119	28430	17087	167955
吉　林	Jilin	3	24	33157	3270	88800
黑龙江	Heilongjiang	5	155	102635	38976	173790
上　海	Shanghai	13	322	166055	139722	530042
江　苏	Jiangsu	15	280	413500	1263899	788202
浙　江	Zhejiang	6	133	221000	1134828	230580
安　徽	Anhui	1	65	55350	89730	155412
福　建	Fujian	2	26	5000	146	33998
江　西	Jiangxi	3	46	34000	78814	302460
山　东	Shandong	5	85	19562	739580	393342
河　南	Henan	2	61	35150	145831	600000
湖　北	Hubei	3	78	110000	509968	129839
湖　南	Hunan	2	66	16684	24811	112320
广　东	Guangdong	3	53	48000	8134	113703
广　西	Guangxi	1	19	6000	9	26807
海　南	Hainan	2	21	5181	6583	38800
重　庆	Chongqing	2	28	8000	4931	49861
四　川	Sichuan	5	140	36749	5025	284416
贵　州	Guizhou	2	29	2240	2642	43964
云　南	Yunnan	2	73	15000	5915	49000
西　藏	Tibet					
陕　西	Shaanxi	4	86	22000	89358	98937
甘　肃	Gansu	3	36		6301	65439
青　海	Qinghai	1	14	15000	25	10080
宁　夏	Ningxia	1	14		5556	11680
新　疆	Xinjiang	1	15	3000	21483	14571
新疆兵团	Xinjiang Corps					

5-3 各地区国家大学科技园人员情况

Personnel Distribution of National University Science Parks by Region

单位：人 (person)

地 区	Region	管理机构从业人员总数 Total Number of Administration Employees	博士 Doctor	硕士 Master	研究生学历 Post-graduate	本科 Under-graduate	大专 Junior College	留学回国人员 Returned Overseas Scholars
合 计	**Total**	**2608**	**130**	**731**	**812**	**1423**	**244**	**87**
东部地区	Eastern Region	1481	73	422	467	802	144	60
中部地区	Middle Region	338	4	76	83	214	39	5
西部地区	Western Region	491	22	131	138	267	39	9
东北地区	Northeast Region	298	31	102	124	140	22	13
北 京	Beijing	484	27	158	175	227	57	23
天 津	Tianjin	6			1	5		
河 北	Hebei	71	6	11	17	47	5	2
山 西	Shanxi	22	3	7	10	10	2	
内 蒙 古	Inner Mongolia	37		5	5	24	8	2
辽 宁	Liaoning	119	16	41	53	44	15	5
吉 林	Jilin	24	1	11	7	12		
黑 龙 江	Heilongjiang	155	14	50	64	84	7	8
上 海	Shanghai	322	11	72	71	175	50	16
江 苏	Jiangsu	280	15	101	115	147	15	13
浙 江	Zhejiang	133	4	30	30	88	8	6
安 徽	Anhui	65	1	17	18	40	7	1
福 建	Fujian	26	3	9	12	14		
江 西	Jiangxi	46		13	13	31	2	
山 东	Shandong	85	6	16	21	58	5	
河 南	Henan	61		9	9	43	9	1
湖 北	Hubei	78		20	20	43	13	1
湖 南	Hunan	66		10	13	47	6	2
广 东	Guangdong	53	1	23	24	25	3	
广 西	Guangxi	19	1	8	8	9	1	
海 南	Hainan	21		2	1	16	1	
重 庆	Chongqing	28	1	6	7	15	2	
四 川	Sichuan	140	5	45	45	72	12	4
贵 州	Guizhou	29	5	9	14	11	3	
云 南	Yunnan	73	2	20	22	40		1
西 藏	Tibet							
陕 西	Shaanxi	86	4	21	24	49	5	2
甘 肃	Gansu	36	1	8	9	25	2	
青 海	Qinghai	14	2	1	3	9	2	
宁 夏	Ningxia	14	1	7		6		
新 疆	Xinjiang	15		1	1	7	4	
新疆兵团	Xinjiang Corps							

5-4 各地区国家大学科技园孵化场地情况

Incubation Space of National University Science Parks by Region

单位：平方米 (sq.m)

地 区	Region	总面积 Total Space Area	办公用房 Space Area for Office	孵化用房 Space Area of Incubation	研发用房 Space Area of R&D	生产用房 Space Area of Manufacurting	其他 Others
合 计	**Total**	**5996259**	**256728**	**2903383**	**907180**	**678970**	**1249999**
东部地区	Eastern Region	3516773	174402	1836136	462186	158213	885835
中部地区	Middle Region	1317954	40048	353343	267806	413677	243080
西部地区	Western Region	730987	27849	446207	124061	72452	60419
东北地区	Northeast Region	430545	14429	267697	53127	34627	60665
北 京	Beijing	1051939	34762	302414	210021	25000	479743
天 津	Tianjin	171900	26400	80800	43000	16000	5700
河 北	Hebei	164267	15329	113196	12221	16292	7229
山 西	Shanxi	17923	300	11300	2000	2000	2323
内蒙古	Inner Mongolia	76232	610	72323	3299		
辽 宁	Liaoning	167955	9858	94589	19785	10177	33546
吉 林	Jilin	88800	1500	44000	6400	18360	18540
黑龙江	Heilongjiang	173790	3071	129108	26942	6090	8579
上 海	Shanghai	530042	33969	291869	33065	12472	158666
江 苏	Jiangsu	788202	36277	567560	67800	61299	55266
浙 江	Zhejiang	230580	10011	152976	7492		60101
安 徽	Anhui	155412	20663	28674	39967	48998	17110
福 建	Fujian	33998	1029	24701	6965		1304
江 西	Jiangxi	302460	1743	94407	35100	112000	59210
山 东	Shandong	393342	11993	208519	64914	20150	87766
河 南	Henan	600000	4090	95099	172287	217519	111005
湖 北	Hubei	129839	11924	80534	11428	1902	24051
湖 南	Hunan	112320	1328	43329	7024	31258	29381
广 东	Guangdong	113703	2332	86348	10058	7000	7965
广 西	Guangxi	26807	898	23327	1174		1409
海 南	Hainan	38800	2300	7753	6651		22096
重 庆	Chongqing	49861	3079	35880	6211	1938	2753
四 川	Sichuan	284416	5613	138497	82785	23000	34521
贵 州	Guizhou	43964	1925	30396	4618	6190	835
云 南	Yunnan	49000	1652	34114	5960	5000	2274
西 藏	Tibet						
陕 西	Shaanxi	98937	8868	57667	6184	11700	14518
甘 肃	Gansu	65439	2409	33396	7370	20424	1841
青 海	Qinghai	10080	800	7920	1360		
宁 夏	Ningxia	11680	1100	1280	5100	4200	
新 疆	Xinjiang	14571	896	11407			2268
新疆兵团	Xinjiang Corps						

5-5 各地区国家大学科技园在孵企业情况
Incubation Statistics of National of University Science Parks by Region

地区	Region	在孵企业（个） Number of Tenants (unit)	当年新孵（个） New Tenants of the Year (unit)	从业人员数（人） Number of Employees (person)	总收入（千元） Total Income (1000 yuan)	工业总产值（千元） Gross Industrial Output Value (1000 yuan)	净利润（千元） Net Profit (1000 yuan)	上缴税金（千元） Taxes Submmitted (1000 yuan)
合　计	**Total**	**9483**	**2820**	**122951**	**32565409**	**13740590**	**1674612**	**1427331**
东部地区	Eastern Region	5329	1592	69321	22255458	8277473	1010377	936068
中部地区	Middle Region	1415	402	25428	5279640	3249097	280170	254965
西部地区	Western Region	1844	512	18808	3185372	1454967	185222	142232
东北地区	Northeast Region	895	314	9394	1844939	759053	198843	94067
北　京	Beijing	1357	321	15917	4169052	1805260	457513	263463
天　津	Tianjin	32	6	306	104534	39568	39238	9705
河　北	Hebei	168	46	6601	2162153	1028415	141124	83557
山　西	Shanxi	64	24	377	11741	6173	106	455
内蒙古	Inner Mongolia	91	45	1712	353255		83804	15707
辽　宁	Liaoning	371	137	3992	807447	461028	86883	29945
吉　林	Jilin	152	62	1324	53901	49598	6866	2781
黑龙江	Heilongjiang	372	115	4078	983591	248427	105094	61341
上　海	Shanghai	1101	423	8740	3508915	640309	-134167	80800
江　苏	Jiangsu	1320	331	22363	8041181	3375403	404342	396327
浙　江	Zhejiang	587	224	6004	851850	144066	31096	31987
安　徽	Anhui	168	53	1742	296698	49091	5922	6479
福　建	Fujian	113	34	913	163121	29054	-12	2334
江　西	Jiangxi	274	78	5635	648894	415796	77636	34057
山　东	Shandong	347	92	3346	2209872	1116454	45605	25621
河　南	Henan	357	72	7690	1288997	870954	55479	58882
湖　北	Hubei	340	101	7276	1927325	1358361	56882	99840
湖　南	Hunan	212	74	2708	1105985	548722	84145	55252
广　东	Guangdong	243	95	4072	990248	92523	17394	41417
广　西	Guangxi	91	20	798	119917	30449	17149	3147
海　南	Hainan	61	20	1059	54532	6421	8244	857
重　庆	Chongqing	182	45	1280	179873	33842	14638	4834
四　川	Sichuan	458	146	5564	763183	642171	51340	43414
贵　州	Guizhou	209	62	1455	214925	91780	20895	6985
云　南	Yunnan	186	22	3082	855738	297514	20668	41329
西　藏	Tibet							
陕　西	Shaanxi	247	54	2113	357993	234868	-44534	15085
甘　肃	Gansu	205	53	1339	110202	87496	16845	4170
青　海	Qinghai	50	11	364	47978	9950	1538	1460
宁　夏	Ningxia	6	5	41	51	54	15	2
新　疆	Xinjiang	119	49	1060	182257	26843	2864	6101
新疆兵团	Xinjiang Corps							

5-6 各地区国家大学科技园毕业企业情况

General Statistics of Graduated Tenants of National University Science Parks by Region

地区	Region	累计毕业企业（个）Accmulated Number of Graduated Enterprises (unit)	从业人员数（人）Number of Employees (person)	总收入（千元）Total Income (1000 yuan)	工业总产值（千元）Gross Industrial Output Value (1000 yuan)
合计	**Total**	**12052**	**406175**	**188829747**	**117052702**
东部地区	Eastern Region	7877	230425	129693684	74040643
中部地区	Middle Region	1355	62507	18039523	12821061
西部地区	Western Region	1729	49230	18734805	11032837
东北地区	Northeast Region	1091	64013	22361735	19158161
北京	Beijing	2457	60543	17867255	4884791
天津	Tianjin	21	423	156436	174853
河北	Hebei	372	7883	1948497	1795257
山西	Shanxi	63	959	81184	47844
内蒙古	Inner Mongolia	20	592	69922	
辽宁	Liaoning	580	49032	19915138	17352236
吉林	Jilin	158	6140	518271	437738
黑龙江	Heilongjiang	353	8841	1928326	1368187
上海	Shanghai	1131	39540	17376389	7633652
江苏	Jiangsu	1910	49241	28042184	20524471
浙江	Zhejiang	901	20194	44673290	22613939
安徽	Anhui	215	8519	6087721	4906771
福建	Fujian	48	613	430244	320809
江西	Jiangxi	503	30952	6904123	5611711
山东	Shandong	414	18942	8207788	6203911
河南	Henan	190	2265	1370457	1385100
湖北	Hubei	267	11692	2562218	95161
湖南	Hunan	117	8120	1033820	774474
广东	Guangdong	576	32814	10914430	9887327
广西	Guangxi	43	1455	1007803	1371503
海南	Hainan	47	232	77172	1633
重庆	Chongqing	284	10332	1399943	893442
四川	Sichuan	444	15826	12142583	5350890
贵州	Guizhou	49	224	39356	3120
云南	Yunnan	137	4956	1656699	962489
西藏	Tibet				
陕西	Shaanxi	405	8923	1397767	1442247
甘肃	Gansu	216	4511	993026	1009146
青海	Qinghai	6	12	5628	
宁夏	Ningxia	28	1800	12000	
新疆	Xinjiang	97	599	10079	
新疆兵团	Xinjiang Corps				

5-7 计划单列市国家大学科技园基本情况
General Statistics of National University Science Parks of the Cities Listed Independently in the State Plan

地　区	Region	入统大学科技园数量（个）Number of University Science Parks (unit)	管理机构从业人员总数（人）Total Number of Administration Employees (person)	孵化基金总　额（千元）Total Value of Incubation Fund (1000 yuan)	年末固定资产净值（千元）Year End Net Value of Fixed Asset (1000 yuan)	场地面积（平方米）Space Area (sq.m)
合　计	**Total**	**8**	**150**	**37562**	**73524**	**396904**
大　连	Dalian	2	32	12000	42	43174
宁　波	Ningbo	1	31	6000	7144	60000
厦　门	Xiamen	1	11		113	17158
青　岛	Qingdao	3	53	19562	58989	208572
深　圳	Shenzhen	1	23		7236	68000

5-8 计划单列市国家大学科技园人员情况
Personnel Distribution of National University Science Parks of the Cities Listed Independently in the State Plan

单位：人　　　　(person)

地　区	Region	管理机构从业人员总数 Total Number of Administration Employees	博士 Doctor	硕士 Master	研究生学历 Post-graduate	本科 Under-graduate	大专 Junior College	留学回国人员 Returned Overseas Scholars
合　计	**Total**	**150**	**12**	**40**	**48**	**91**	**6**	**3**
大　连	Dalian	32	6	11	14	14		2
宁　波	Ningbo	31		3	3	28		1
厦　门	Xiamen	11	1	6	7	4		
青　岛	Qingdao	53	4	11	14	35	4	
深　圳	Shenzhen	23	1	9	10	10	2	

5-9　计划单列市国家大学科技园孵化场地情况
Incubation Space of National University Science Parks of the Cities Listed Independently in the State Plan

单位：平方米　　　　(sq.m)

地　区	Region	总面积 Total Space Area	办公用房 Space Area for Office	孵化用房 Space Area of Incubation	研发用房 Space Area of R&D	生产用房 Space Area of Manufacurting	其它 Others
合　计	**Total**	**396904**	**15363**	**260610**	**41576**	**24827**	**54529**
大　连	Dalian	43174	2597	31773	4580	2677	1547
宁　波	Ningbo	60000	3500	49200	1100		6200
厦　门	Xiamen	17158	673	12252	4202		32
青　岛	Qingdao	208572	7293	113185	27694	15150	45250
深　圳	Shenzhen	68000	1300	54200	4000	7000	1500

5-10　计划单列市国家大学科技园在孵企业情况
Incubation Statistics of National of University Science Parks of the Cities Listed Independently in the State Plan

地　区	Region	在孵企业（个） Number of Tenants (unit)	当年新孵（个） New Tenants of the Year (unit)	从业人员数（人） Number of Employees (person)	总收入（千元） Total Income (1000 yuan)	工业总产值（千元） Gross Industrial Output Value (1000 yuan)	净利润（千元） Net Profit (1000 yuan)	上缴税金（千元） Taxes Submmitted (1000 yuan)
合　计	**Total**	**567**	**194**	**5896**	**1995388**	**316859**	**49202**	**49551**
大　连	Dalian	137	70	974	125512	70841	4165	1122
宁　波	Ningbo	91	37	638	115649		5635	6858
厦　门	Xiamen	51	11	302	33524	10350	-3786	746
青　岛	Qingdao	191	39	1898	1233125	233151	33100	18018
深　圳	Shenzhen	97	37	2084	487578	2517	10088	22806

5-11　计划单列市国家大学科技园毕业企业情况
General Statistics of Graduated Tenants of National University Science Parks of the Cities Listed Independently in the State Plan

城　市	City	累计毕业企业（个） Accmulated Number of Graduated Enterprises (unit)	从业人员数（人） Number of Employees (person)	总收入（千元） Total Income (1000 yuan)	工业总产值（千元） Gross Industrial Output Value (1000 yuan)
合　计	**Total**	**886**	**26189**	**10427961**	**9246426**
大　连	Dalian	186	3702	1463455	1468233
宁　波	Ningbo	185	734	163140	
厦　门	Xiamen	45	530	364750	300538
青　岛	Qingdao	172	9530	3850588	2978661
深　圳	Shenzhen	298	11693	4586029	4498994

第六部分

国家火炬软件产业基地

The Sixth Part

National Torch Program Software Industrial Bases

6-1 软件产业基地主要经济指标
Main Economic Indicators of Software Industrial Bases

年 份 Year	软件产业基地 （个） Number of Software Bases (unit)	基地总人数 （万人） Total Number of Employees (10000 person)	营业收入★ （亿元） Operating Revenue (100 million yuan)	利税总额 （亿元） Total Value of Profits and Taxes (100 million yuan)	出口创汇 （亿美元） Export (100 million USD)
2003	24	31.3	1143.9	132.9	4.8
2004	29	43.6	1638.0	165.4	13.2
2005	32	65.2	3375.0	351.2	48.6
2006	33	77.9	4541.0	432.0	100.0
2007	34	90.2	5213.4	1230.5	78.4
2008	35	106.4	6897.5	884.4	103.5
2009	35	129.3	7677.1	1123.5	100.5
2010	35	148.3	9204.8	1432.5	108.5
2011	38	190.9	13661.8	1926.1	222.8
2012	39	226.8	16950.9	2407.1	273.8
2013	41	264.2	20171.7	3046.3	295.9
2014	41	296.0	23792.0	3611.8	334.1
2015	43	331.6	29410.3	4227.6	348.0
2016	44	354.2	32906.8	4858.3	372.8
2017	44	383.9	39774.7	5615.0	426.9
2018	44	408.8	46423.5	6330.7	548.6
2019	44	483.6	63774.2	8070.3	558.2

注：2014年报表制度进一步完善指标及定义，取消了“总收入”的指标，增加了“营业收入”的指标，此列2014年前所列数据为软件基地总收入汇总数据。

6-2 软件产业基地场地情况

Space Area of Software Industrial Bases

单位：万平方米 (10000 sq.m)

软件产业基地	Software Industrial Base	规划用地面积 Planned Land Area	现有用地面积 Land Area	现有建筑面积 Building Area	现有孵化面积 Incubation Area
合 计	**Total**	**23685**	**13536**	**7134**	**1806**
东部地区	Eastern Region	14487	8087	3964	969
中部地区	Middle Region	1760	1539	1449	239
西部地区	Western Region	3789	2868	1261	369
东北地区	Northeast Region	3648	1042	460	228
北 京	Beijing	1406	1241	414	16
天 津	Tianjin	308	80	74	26
河 北	Hebei	57	16	32	19
山 西	Shanxi	100	25	63	49
内 蒙 古	Inner Mongolia	40	3	3	3
辽 宁	Liaoning	3427	896	308	121
吉 林	Jilin	196	121	121	77
黑 龙 江	Heilongjiang	26	26	31	31
上 海	Shanghai	656	356	475	91
江 苏	Jiangsu	4262	2711	904	317
浙 江	Zhejiang	170	112	190	38
安 徽	Anhui	139	45	67	23
福 建	Fujian	1435	571	546	23
江 西	Jiangxi	65	12	18	18
山 东	Shandong	3115	1679	826	142
河 南	Henan	26	26	51	16
湖 北	Hubei	180	181	450	13
湖 南	Hunan	1250	1250	800	120
广 东	Guangdong	3079	1321	502	298
广 西	Guangxi	7	7	2	1
海 南	Hainan				
重 庆	Chongqing	119	119	357	23
四 川	Sichuan	2000	1200	570	300
贵 州	Guizhou	76	28	42	26
云 南	Yunnan	40	3	10	5
西 藏	Tibet				
陕 西	Shaanxi	1503	1503	270	4
甘 肃	Gansu	4	4	7	7
青 海	Qinghai				
宁 夏	Ningxia				
新 疆	Xinjiang				
新疆兵团	Xinjiang Corps				

6-3 软件产业基地从业人员情况
Personnel Statistics of Software Industrial Bases

单位：人 (person)

软件产业基地	Software Industrial Base	年末基地总人数 Year End Total Number of Employees of the Base	博士学历 Doctor Degree	硕士学历 Master Degree	本科学历 Bachlor Degree
合　　计	**Total**	**4836282**	**46260**	**527279**	**2887855**
东部地区	Eastern Region	3493812	30456	375349	1984727
中部地区	Middle Region	577601	8073	80687	412469
西部地区	Western Region	554599	6914	53930	347799
东北地区	Northeast Region	210270	817	17313	142860
北　　京	Beijing	985278	10971	140575	579288
天　　津	Tianjin	51757	254	3367	30018
河　　北	Hebei	11700	232	774	7602
山　　西	Shanxi	17438	87	914	9303
内 蒙 古	Inner Mongolia	1568	5	186	1020
辽　　宁	Liaoning	137024	336	13019	94264
吉　　林	Jilin	43760	260	2734	32178
黑 龙 江	Heilongjiang	29486	221	1560	16418
上　　海	Shanghai	317131	4231	43211	235261
江　　苏	Jiangsu	473015	6625	36104	311421
浙　　江	Zhejiang	402693	2822	48425	192431
安　　徽	Anhui	50782	569	7842	27830
福　　建	Fujian	171783	773	10120	118845
江　　西	Jiangxi	30328	278	1783	16646
山　　东	Shandong	317931	2076	21989	217452
河　　南	Henan	13706	51	386	9013
湖　　北	Hubei	209332	4020	42050	162912
湖　　南	Hunan	256015	3068	27712	186765
广　　东	Guangdong	762524	2472	70784	292409
广　　西	Guangxi	9942	102	587	6372
海　　南	Hainan				
重　　庆	Chongqing	99750	1868	9143	49875
四　　川	Sichuan	189597	2081	19068	117598
贵　　州	Guizhou	32128	179	712	15862
云　　南	Yunnan	4341	26	170	2098
西　　藏	Tibet				
陕　　西	Shaanxi	210000	2612	23772	150265
甘　　肃	Gansu	7273	41	292	4709
青　　海	Qinghai				
宁　　夏	Ningxia				
新　　疆	Xinjiang				
新疆兵团	Xinjiang Corps				

6-4 软件产业基地软件人员分布情况
Personnel Distribution of Software Industrial Bases

单位：人 (person)

软件产业基地	Software Industrial Base	年末软件从业人数 Number of Employees in Software Companies	有5年以上(含)软件从业经验的人员 The Staff with More than 5 Years Software Experience	有2～5年(含2年)软件从业经验的人员 The Staff with 2-5 Years Software Experience	软件研发人员 R&D Personnel	测试人员 Testing Personnnel
合计	**Total**	**3891364**	**1129592**	**1858479**	**2388300**	**336508**
东部地区	Eastern Region	2830939	789666	1268868	1773887	194957
中部地区	Middle Region	434590	152502	213936	240079	40098
西部地区	Western Region	454145	141171	269254	274709	77334
东北地区	Northeast Region	171690	46253	106421	99625	24119
北京	Beijing	981478	221674	477412	849658	10125
天津	Tianjin	51757	14203	31054	25878	1185
河北	Hebei	9700	4150	4445	5007	1510
山西	Shanxi	6511	2007	2804	4142	1075
内蒙古	Inner Mongolia	1568	680	321	512	
辽宁	Liaoning	118249	30978	80173	69325	18602
吉林	Jilin	28332	7085	15396	14659	1641
黑龙江	Heilongjiang	25109	8190	10852	15641	3876
上海	Shanghai	202912	78356	53562	87643	12376
江苏	Jiangsu	389330	119506	213294	154642	54867
浙江	Zhejiang	390410	103439	203223	291805	39570
安徽	Anhui	40164	5916	15212	10965	5643
福建	Fujian	131837	48622	63111	73362	22518
江西	Jiangxi	16956	4152	4723	7077	1872
山东	Shandong	202237	72785	83285	116136	19224
河南	Henan	7162	1032	5352	5839	467
湖北	Hubei	205665	61230	107920	139588	20999
湖南	Hunan	158132	78165	77925	72468	10042
广东	Guangdong	471278	126931	139482	169756	33582
广西	Guangxi	8795	2348	6355	7595	1679
海南	Hainan					
重庆	Chongqing	54862	16458	27431	24139	12069
四川	Sichuan	169112	49786	103263	116352	12956
贵州	Guizhou	24868	5682	17285	13286	2218
云南	Yunnan	1445	497	475	685	117
西藏	Tibet					
陕西	Shaanxi	190117	64165	112896	110235	47882
甘肃	Gansu	3378	1555	1228	1905	413
青海	Qinghai					
宁夏	Ningxia					
新疆	Xinjiang					
新疆兵团	Xinjiang Corps					

6-5 软件产业基地收入情况

Income of Software Industrial Bases

单位：家、千元 (unit, 1000 yuan)

软件产业基地	Software Industrial Base	企业数 Number of Enterprises	营业收入 Operating Revenue	软件收入 Software Income	软件产品收入 Software Sales Income	新产品销售收入 New Product Sales Income
合　计	**Total**	**100866**	**6377420386**	**4482571932**	**1065283952**	**441686071**
东部地区	Eastern Region	48916	5164494050	3628741485	737900953	315922437
中部地区	Middle Region	38565	376851049	259654757	117483401	54162443
西部地区	Western Region	10887	706039618	498008589	178843108	59631603
东北地区	Northeast Region	2498	130035670	96167101	31056490	11969588
北　京	Beijing	7006	1466160724	1357879934	66841000	6871000
天　津	Tianjin	1194	74904556	48862941	19288489	10874399
河　北	Hebei	350	15837240	11572380	4383678	867962
山　西	Shanxi	388	7301593	3742991	1537372	465579
内蒙古	Inner Mongolia	153	396190	396190	396190	
辽　宁	Liaoning	1023	96122294	74655698	23933797	9424700
吉　林	Jilin	749	14927997	8717017	3390001	1059889
黑龙江	Heilongjiang	726	18985379	12794386	3732692	1484999
上　海	Shanghai	14636	399078085	311280906	117833600	47841411
江　苏	Jiangsu	5850	416444087	296839786	71811233	34264318
浙　江	Zhejiang	3998	418016511	416011511	129517152	50553542
安　徽	Anhui	1461	17247535	11169537	7354561	2597133
福　建	Fujian	6674	232189514	166432961	83808168	44892548
江　西	Jiangxi	726	22870630	16437240	6236148	1266571
山　东	Shandong	5326	500856552	242031993	132029596	67178864
河　南	Henan	417	8635000	4196700	1531000	421000
湖　北	Hubei	2800	215796291	144108289	90824320	45412160
湖　南	Hunan	32773	105000000	80000000	10000000	4000000
广　东	Guangdong	3882	1641006781	777829073	112388037	52578393
广　西	Guangxi	698	7119854	5526508	2894975	655834
海　南	Hainan					
重　庆	Chongqing	3508	47359262	23287630	3303650	1156277
四　川	Sichuan	2199	287465760	188682464	97042572	31456112
贵　州	Guizhou	1413	22254125	10625412	4325154	319625
云　南	Yunnan	102	4233247	2365140	586876	466863
西　藏	Tibet					
陕　西	Shaanxi	2700	331312000	262403000	68622000	25215000
甘　肃	Gansu	114	5899181	4722245	1671691	361892
青　海	Qinghai					
宁　夏	Ningxia					
新　疆	Xinjiang					
新疆兵团	Xinjiang Corps					

6-5 续表 continued

单位：家、千元 (unit, 1000 yuan)

软件产业基地 Software Industrial Base		系统集成收入 System Integration Income	嵌入式系统软件收入 Embeded Software Income	软件技术与信息服务收入 Software Technology and Information Service Income	自主版权软件收入 Own Copyright Software Income
合　　计	**Total**	**433967842**	**513917570**	**1290221843**	**1601464360**
东部地区	Eastern Region	313844660	420939447	976875702	1204321218
中部地区	Middle Region	29117533	56266943	56786880	158916166
西部地区	Western Region	81360287	26953475	210851719	214464822
东北地区	Northeast Region	9645362	9757706	45707542	23762155
北　京	Beijing	21846000	5648210	84364000	86452000
天　津	Tianjin	488629	207230	28878593	15387198
河　北	Hebei	707532	3842830	2638340	5762643
山　西	Shanxi	894753	422145	888721	357333
内蒙古	Inner Mongolia				
辽　宁	Liaoning	6041160	5920383	38760357	10728374
吉　林	Jilin	1711801	1417574	2197641	5115221
黑龙江	Heilongjiang	1892401	2419749	4749544	7918560
上　海	Shanghai	69765583	40783824	82897899	73232600
江　苏	Jiangsu	24386582	104639677	96002294	192436743
浙　江	Zhejiang	60867152	38134215	187492992	386781521
安　徽	Anhui	2203680	651419	959877	344120
福　建	Fujian	27618999	15114322	39891472	130308110
江　西	Jiangxi	4175092	1489514	4536486	7958611
山　东	Shandong	20516388	39853680	49632330	160075119
河　南	Henan	762000	1013000	890700	3475000
湖　北	Hubei	16082008	20690865	16511096	104781102
湖　南	Hunan	5000000	32000000	33000000	42000000
广　东	Guangdong	87647795	172715459	405077782	153885284
广　西	Guangxi	829051	800336	1002146	459858
海　南	Hainan				
重　庆	Chongqing	227774	447397	19308810	14842281
四　川	Sichuan	7089234	2538115	82012542	88639892
贵　州	Guizhou	2061453	1012260	3226545	793542
云　南	Yunnan	560105	65593	1152566	178301
西　藏	Tibet				
陕　西	Shaanxi	69102000	22087000	102592000	108621000
甘　肃	Gansu	1490670	2774	1557110	929948
青　海	Qinghai				
宁　夏	Ningxia				
新　疆	Xinjiang				
新疆兵团	Xinjiang Corps				

6-6 软件产业基地出口和利税情况

Export Profit and Taxes of Software Industrial Bases

单位：千元 (1000 yuan)

软件产业基地 Software Industrial Base	出口总额 Export	软件出口额 Software Export	净利润 Net Profit	实际上缴税额 Taxes Submitted	减免税总额 Taxes Relief	劳动者报酬 Salary
合　计 Total	**385089714**	**164132289**	**521398524**	**285628552**	**77957299**	**804906869**
东部地区 Eastern Region	231826794	117785112	421594844	234551722	62899527	666671136
中部地区 Middle Region	12057486	9202641	25460440	17198126	5796666	24822915
西部地区 Western Region	120956376	24682036	67363563	28667310	7476505	89264026
东北地区 Northeast Region	20249057	12462500	6979678	5211395	1784600	24148793
北　京 Beijing	13300000		84000973	65121881	27041491	270780796
天　津 Tianjin	1825841	95339	5489599	2476823	1449178	6243848
河　北 Hebei	225150	67540	1564720	592610	282014	1219231
山　西 Shanxi	18397		513881	409787	132820	938861
内蒙古 Inner Mongolia			26447	22065		68862
辽　宁 Liaoning	16461266	11681924	4948031	3828461	1514750	22083461
吉　林 Jilin	276126	224434	1137302	814040	254932	798281
黑龙江 Heilongjiang	3511665	556142	894345	568894	14918	1267051
上　海 Shanghai	12142215	12142215	28965450	10166297	1316521	43213188
江　苏 Jiangsu	85499932	18806996	28193716	22401934	3087789	50919736
浙　江 Zhejiang	36681892	36095661	53013884	26675501	13160406	70003427
安　徽 Anhui	121010	15320	2196710	1048512	248153	920352
福　建 Fujian	24141620	12081642	25292977	6786693	2157243	21703110
江　西 Jiangxi	829473	742121	1704879	1121093	180105	1751879
山　东 Shandong	16024607	7765857	23724742	20313133	3544602	33919424
河　南 Henan	26100	15000	1013000	434400	202500	1052300
湖　北 Hubei	8062506	6230200	15031970	9684334	4133088	12359523
湖　南 Hunan	3000000	2200000	5000000	4500000	900000	7800000
广　东 Guangdong	41985537	30729863	171348784	80016850	10860283	168668376
广　西 Guangxi	301988	79225	347572	392517	18297	840083
海　南 Hainan						
重　庆 Chongqing	8799183	709612	3739781	2841556	125983	13865250
四　川 Sichuan	99544355	11648026	35841613	9225273	5888910	37752226
贵　州 Guizhou	52585	29684	1122525	1365645	96567	7822502
云　南 Yunnan	42775		137804	119366	30067	316118
西　藏 Tibet						
陕　西 Shaanxi	12215300	12215300	25741000	14511000	1263100	28121000
甘　肃 Gansu	190	190	406822	189888	53581	477985
青　海 Qinghai						
宁　夏 Ningxia						
新　疆 Xinjiang						
新疆兵团 Xinjiang Corps						

6-7 软件产业基地科技活动经费筹集情况

Science and Technology Activity Funding of Software Industrial Bases

单位：千元 (1000 yuan)

软件产业基地	Software Industrial Base	科技活动经费筹集总额 Science and Technology Activity Funding	企业资金 Enterprise Funds	金融机构贷款 Loans from Financial Institutions	政府部门资金 Government Funds	地方政府资金 Local Government Funds
合　计	**Total**	**483309682**	**352354859**	**27611822**	**30246170**	**20382232**
东部地区	Eastern Region	398382853	303778037	15779914	15549122	11041744
中部地区	Middle Region	28651579	15900585	5529437	3534313	2746753
西部地区	Western Region	48026334	26078467	5893609	10128407	5899853
东北地区	Northeast Region	8248916	6597770	408862	1034328	693882
北　京	Beijing	31100000				
天　津	Tianjin	3996094	2797266	687061	511767	511767
河　北	Hebei	1972980	1369870	341620	82800	35000
山　西	Shanxi	533897	487432	8053	37881	29876
内蒙古	Inner Mongolia	3360				
辽　宁	Liaoning	6248618	5123641	295929	742508	549228
吉　林	Jilin	991789	600851	58902	210620	98454
黑龙江	Heilongjiang	1008509	873278	54031	81200	46200
上　海	Shanghai	27455702	14131247	1611863	5730702	4539735
江　苏	Jiangsu	39113443	28329722	5041099	3815134	2772246
浙　江	Zhejiang	45436215	41573832	1437715	1691154	481831
安　徽	Anhui	2135824	1612620	214380	193040	87020
福　建	Fujian	17534283	15550189	1382178	335170	221738
江　西	Jiangxi	1710473	1238056	58836	44759	37524
山　东	Shandong	60284757	33289991	4079015	1993234	1526672
河　南	Henan	563000	438600	88300	36100	36100
湖　北	Hubei	10908385	6123877	1159868	2122533	1556233
湖　南	Hunan	12800000	6000000	4000000	1100000	1000000
广　东	Guangdong	171489380	166735920	1199363	1389161	952755
广　西	Guangxi	830000	680000	60000	90000	75000
海　南	Hainan					
重　庆	Chongqing	8478482	881762	976771	5016320	2508160
四　川	Sichuan	9769346	4384673	3269271	1615402	911551
贵　州	Guizhou	1985453	589456	152624	514625	475852
云　南	Yunnan	143492	121632	8200	2550	250
西　藏	Tibet					
陕　西	Shaanxi	26681000	19293000	1423600	2885480	1925410
甘　肃	Gansu	135201	127944	3143	4030	3630
青　海	Qinghai					
宁　夏	Ningxia					
新　疆	Xinjiang					
新疆兵团	Xinjiang Corps					

6-8 软件产业基地研发支出情况
Expenditure on R&D of Software Industrial Bases

单位：千元 (1000 yuan)

软件产业基地	Software Industrial Base	科技活动经费支出总额 Expenditure on Science and Technology Activity	研究与试验发展经费支出 Expenditure on R&D	软件研发经费支出 Expenditure on Software R&D	新产品开发经费支出 Expenditure on New Product R&D
合　　计	**Total**	**649724470**	**395120235**	**321897681**	**130096115**
东部地区	Eastern Region	547332078	326107880	272765104	93417508
中部地区	Middle Region	27155408	23287719	18608465	13958809
西部地区	Western Region	68253286	40278023	26430111	20349200
东北地区	Northeast Region	6983698	5446612	4094001	2370598
北　　京	Beijing	190824974	31100000	31100000	10000000
天　　津	Tianjin	3996094	3996094	3996094	3996094
河　　北	Hebei	1817500	1697120	1416325	1241270
山　　西	Shanxi	585958	391489	322758	242763
内 蒙 古	Inner Mongolia	2346	2346		
辽　　宁	Liaoning	5170783	3946599	2826108	1587255
吉　　林	Jilin	751568	630395	545932	456569
黑 龙 江	Heilongjiang	1061347	869618	721961	326774
上　　海	Shanghai	27006733	25268305	21641378	18901251
江　　苏	Jiangsu	31981283	28659089	19492076	12808417
浙　　江	Zhejiang	33194374	23085812	21140162	4275656
安　　徽	Anhui	1932350	1538630	1328406	593112
福　　建	Fujian	14582060	13755200	7780144	5241735
江　　西	Jiangxi	1385219	1052285	902690	566914
山　　东	Shandong	56294110	29850868	23697289	14835283
河　　南	Henan	663000	653800	261400	83000
湖　　北	Hubei	10588881	9651515	7793211	5673020
湖　　南	Hunan	12000000	10000000	8000000	6800000
广　　东	Guangdong	187634950	168695393	142501636	22117802
广　　西	Guangxi	812000	587762	483326	424238
海　　南	Hainan				
重　　庆	Chongqing	7544336	4517566	2914559	1603007
四　　川	Sichuan	28571688	11314765	10288831	9432786
贵　　州	Guizhou	562456	352642	225453	165945
云　　南	Yunnan	216951	191443	53865	52096
西　　藏	Tibet				
陕　　西	Shaanxi	30213100	23120060	12315600	8640150
甘　　肃	Gansu	330409	191438	148477	30977
青　　海	Qinghai				
宁　　夏	Ningxia				
新　　疆	Xinjiang				
新疆兵团	Xinjiang Corps				

第七部分

国家火炬特色产业基地

The Seventh Part

National Torch Specialized Industrial Bases

7-1 火炬特色产业基地主要情况

General Statistics of Torch Specialized Industrial Bases

年 份 Year	统计基地数 (个) Number of Torch Industrial Bases with Data (unit)	基地内企业数 (个) Number of Tenant Enterprises (unit)	工业总产值 (亿元) Gross Industrial Output Value (100 million yuan)	总收入 (亿元) Total Income (100 million yuan)	上缴税额 (亿元) Taxes Submitted (100 million yuan)	净利润 (亿元) Net Profit (100 million yuan)	出口创汇 (亿美元) Export (100 million USD)
2003	47	4272	3603.9	3461.5	185.1	239.2	61.2
2004	79	12050	7331.2	7181.0	362.5	465.9	154.2
2005	128	17691	11765.4	11566.2	643.4	711.6	264.3
2006	133	26563	15095.6	15003.9	806.6	938.6	347.2
2007	169	39233	21925.1	22893.4	1053.7	1348.9	578.5
2008	209	49139	29153.0	28716.0	1649.5	2006.4	792.8
2009	235	67990	37183.6	36759.2	2558.5	2712.9	836.1
2010	248	82520	47583.2	47878.5	3472.9	3659.4	1116.1
2011	288	85394	60681.6	61061.4	3606.6	4472.9	1364.6
2012	314	93128	69539.1	68648.3	3844.1	4819.8	1463.7
2013	341	102893	81647.3	76521.4	4407.7	5563.6	1560.3
2014	366	118231	88227.1	85646.0	4996.5	5874.9	1744.1
2015	384	126393	92851.4	91233.1	4889.0	6115.6	1809.5
2016	413	150555	102333.4	100003.2	5514.6	6439.4	1719.1
2017	441	163364	106473.3	104652.1	5793.6	6517.1	1752.2
2018	439	177245	109928.4	108756.8	6052.4	6872.5	1875.6
2019	437	188922	111013.5	112704.0	5962.3	6684.5	1734.7

注：2018年国家火炬特色产业基地数量440家，其中1家未报数据，该部分所有指标为439家基地的汇总数；2019年国家火炬特色产业基地数量440家，其中3家未报数据，该部分所有指标为437家基地的汇总数。

7-2 各地区火炬特色产业基地经济指标

Main Economic Indicators of Torch Specialized Industrial Bases by Region

地区	Region	入统基地数（个）Number of Torch Industrial Bases with Data (unit)	基地内企业数（个）Number of Enterprises (unit)	工业总产值（千元）Gross Industrial Output Value (1000 yuan)	总收入（千元）Total Income (1000 yuan)	上缴税额（千元）Taxes Submmitted (1000 yuan)	净利润（千元）Net Profit (1000 yuan)	出口总额（千元）Export (1000 yuan)
合　计	**Total**	**437**	**188922**	**11101348682**	**11270398970**	**596234793**	**668454911**	**1196689636**
东部地区	Eastern Region	310	153643	8216871385	8459261140	448441136	540227600	1099094986
中部地区	Middle Region	64	21214	1635449984	1603670214	69733752	78338821	67846652
西部地区	Western Region	33	9586	800464218	707364103	46804352	24087509	15022224
东北地区	Northeast Region	30	4479	448563095	500103513	31255553	25800981	14725774
北　京	Beijing	1	6451	6577760	43163770	1765920	1939070	2230000
天　津	Tianjin	9	6246	107322460	149316526	7756713	6153118	8170048
河　北	Hebei	12	1762	227855484	342792779	14377324	18853482	15492444
山　西	Shanxi	8	465	32174123	31833705	2066887	1819553	1823180
内蒙古	Inner Mongolia	3	156	34368610	75922120	3472360	7045470	205447
辽　宁	Liaoning	15	2829	263295689	286862152	12380583	9531606	10803335
吉　林	Jilin	5	269	35227188	50758346	4570275	10199563	304953
黑龙江	Heilongjiang	10	1381	150040218	162483015	14304695	6069812	3617486
上　海	Shanghai	10	8039	307000411	395163450	13456851	29370166	26119160
江　苏	Jiangsu	125	26158	3766612207	3670850559	218584905	265199911	490953623
浙　江	Zhejiang	49	19251	1028153942	1121951410	68980864	76411828	190271377
安　徽	Anhui	18	4222	508605356	476189040	17141985	27781644	20420727
福　建	Fujian	11	4193	140194872	134204418	3659459	9125871	33981390
江　西	Jiangxi	4	6754	107161740	101999644	2538667	4424477	7482849
山　东	Shandong	68	20152	1294313524	1295496307	55728659	76112947	87967537
河　南	Henan	13	1196	239266366	248314324	9938905	17951360	11098342
湖　北	Hubei	13	6031	388567030	392019664	17681921	16421050	17300819
湖　南	Hunan	8	2546	359675369	353313837	20365387	9940737	9720735
广　东	Guangdong	25	61391	1338840725	1306321921	64130441	57061207	243909407
广　西	Guangxi	1	9	18464990	21972360	988820	1105820	121510
海　南	Hainan							
重　庆	Chongqing	2	1672	322446609	69862183	1334590	1737250	5688845
四　川	Sichuan	3	3658	52049761	124968287	3246743	2645890	615604
贵　州	Guizhou	6	506	42752067	38812862	2207168	2208119	926938
云　南	Yunnan	5	219	33761474	45655668	2392868	2705720	1501339
西　藏	Tibet							
陕　西	Shaanxi	6	2941	178355313	175955556	13480013	3890775	4917623
甘　肃	Gansu	2	46	28472552	67846986	987646	-25048	48750
青　海	Qinghai							
宁　夏	Ningxia	2	72	10251946	11075733	487907	384056	829228
新　疆	Xinjiang	2	265	78559259	74309239	18097285	2299181	166940
新疆兵团	Xinjiang Corps	1	42	981637	983109	108952	90276	

注：2016年报表制度进行了调整，出口的单位由千美元改为千元，后同。

7-3 各地区火炬特色产业基地人员分布情况
Personnel Distribution of Torch Specialized Industrial Bases by Region

单位：人 (person)

地 区	Region	企业从业人员总数 Total Number of Employees	大专以上 College and Higher Level	博士 Doctor	硕士 Master
合 计	**Total**	**11576387**	**3894772**	**31805**	**200768**
东部地区	Eastern Region	9133853	2965656	26547	163812
中部地区	Middle Region	1444229	513274	2558	20106
西部地区	Western Region	620417	246848	1839	10138
东北地区	Northeast Region	377888	168994	861	6712
北 京	Beijing	53359	31481	123	1983
天 津	Tianjin	139434	58701	1098	5317
河 北	Hebei	291398	126131	721	5543
山 西	Shanxi	38712	20505	106	1602
内蒙古	Inner Mongolia	41531	32365	43	287
辽 宁	Liaoning	166322	70784	412	2903
吉 林	Jilin	49503	23829	63	419
黑龙江	Heilongjiang	162063	74381	386	3390
上 海	Shanghai	210003	105772	2548	13831
江 苏	Jiangsu	2997034	1136548	13050	78292
浙 江	Zhejiang	1233445	363429	2156	11949
安 徽	Anhui	461849	168953	981	7844
福 建	Fujian	287304	75252	181	1629
江 西	Jiangxi	166241	15667	212	900
山 东	Shandong	1573254	654510	4931	31982
河 南	Henan	229912	96074	213	1172
湖 北	Hubei	339213	119910	504	4686
湖 南	Hunan	208302	92165	542	3902
广 东	Guangdong	2348622	413832	1739	13286
广 西	Guangxi	8966	4774	32	362
海 南	Hainan				
重 庆	Chongqing	135601	43338	118	679
四 川	Sichuan	72143	25441	205	1338
贵 州	Guizhou	87031	26485	88	1472
云 南	Yunnan	24896	12367	153	1212
西 藏	Tibet				
陕 西	Shaanxi	162086	80658	1121	4402
甘 肃	Gansu	21534	7154	5	118
青 海	Qinghai				
宁 夏	Ningxia	12739	5062	31	152
新 疆	Xinjiang	47565	8815	34	103
新疆兵团	Xinjiang Corps	6325	389	9	13

7-4 计划单列市火炬特色产业基地经济指标
Main Economic Indicators of Torch Specialized Industrial Bases of the Cities Listed Independently in the State Plan

地　区	Region	入统基地数（个）Number of Torch Industrial Bases with Data (unit)	基地内企业数（个）Number of Enterprises (unit)	工业总产值（千元）Gross Industrial Output Value (1000 yuan)	总收入（千元）Total Income (1000 yuan)	上缴税额（千元）Taxes Submmitted (1000 yuan)	净利润（千元）Net Profit (1000 yuan)	出口总额（千元）Export (1000 yuan)
合　计	**Total**	**19**	**2451**	**303485782**	**345193754**	**17209129**	**23395514**	**47957608**
大　连	Dalian	4	381	71637995	71737023	3667809	4403509	4393536
宁　波	Ningbo	6	936	159285994	200119217	10507801	10216053	31264998
厦　门	Xiamen	4	39	32976517	34072535	1418824	5417665	8241658
青　岛	Qingdao	5	1095	39585276	39264979	1614695	3358287	4057416
深　圳	Shenzhen							

7-5 计划单列市火炬特色产业基地人员分布情况
Personnel Distribution of Torch Specialized Industrial Bases of the Cities Listed Independently in the State Plan

单位：人 (person)

地　区	Region	企业从业人员总数 Total Number of Employees	大专以上 College and Higher Level	博士 Doctor	硕士 Master
合　计	**Total**	**295498**	**95999**	**1066**	**7715**
大　连	Dalian	43895	17849	84	1301
宁　波	Ningbo	155411	37206	280	1853
厦　门	Xiamen	43991	15036	110	1034
青　岛	Qingdao	52201	25908	592	3527
深　圳	Shenzhen				

第八部分

创新型产业集群

The Eighth Part

Innovative Industrial Clusters

8-1 创新型产业集群主要情况
Main Statistics of Innovative Industrial Clusters

年 份 Year	统计集群数 (个) Number of Clusters (unit)	集群内企业数 (个) Number of Tenant Enterprises (unit)	营业收入 (亿元) Operating Revenue (100 million yuan)	工业总产值 (亿元) Gross Industrial Output Value (100 million yuan)	净利润 (亿元) Net Profit (100 million yuan)	上缴税费 (亿元) Taxes Submitted (100 million yuan)	出口创汇 (亿美元) Export (100 million USD)	年末从业人员 (万人) Year End Number of Employees (10000 person)
2014	71	12757	34546.8	31517.5	2902.1	1785.3	1432.8	296.0
2015	71	13322	37382.2	32457.6	2726.3	2245.8	1188.5	289.7
2016	70	13929	40429.9	33835.1	2924.3	2417.1	992.7	336.9
2017	109	20388	52233.7	43442.6	4082.2	3017.6	1210.4	392.7
2018	109	22177	55413.4	45697.7	4568.4	3262.3	1378.9	415.2
2019	109	23638	57396.7	45066.9	4192.6	3074.2	1124.0	419.2

8-2 创新型产业集群主要经济指标

创新型产业集群	Innovative Industrial Clusters	入统集群数（个）Number of Clusters (unit)	企业总数（个）Number of Enterprises (unit)	高新技术企业数（个）Number of Hi-tech Enterprises (unit)
合　计	**Total**	**109**	**23638**	**10303**
东部地区	Eastern Region	58	14234	5704
中部地区	Middle Region	21	3060	1579
西部地区	Western Region	19	3479	1807
东北地区	Northeast Region	10	2865	1213
北　京	Beijing	2	869	369
天　津	Tianjin	4	670	374
河　北	Hebei	4	1310	547
山　西	Shanxi	2	178	54
内蒙古	Inner Mongolia	1	73	55
辽　宁	Liaoning	5	2463	1045
吉　林	Jilin	2	303	112
黑龙江	Heilongjiang	3	99	56
上　海	Shanghai	5	916	370
江　苏	Jiangsu	12	2663	766
浙　江	Zhejiang	2	868	426
安　徽	Anhui	3	639	378
福　建	Fujian	4	1090	255
江　西	Jiangxi	4	249	120
山　东	Shandong	11	1630	416
河　南	Henan	3	374	89
湖　北	Hubei	6	1244	726
湖　南	Hunan	3	376	212
广　东	Guangdong	14	4218	2181
广　西	Guangxi	2	277	142
海　南	Hainan			
重　庆	Chongqing	2	492	250
四　川	Sichuan	4	1264	919
贵　州	Guizhou	1	188	62
云　南	Yunnan	1	16	14
西　藏	Tibet			
陕　西	Shaanxi	3	843	238
甘　肃	Gansu	1	103	54
青　海	Qinghai	3	193	55
宁　夏	Ningxia			
新　疆	Xinjiang	1	30	18

Main Economic Statistics of Innovative Industrial Clusters

营业收入（千元） Operating Revenue (1000 yuan)	出口总额（千元） Export (1000 yuan)	净利润（千元） Net Profit (1000 yuan)	上缴税费（千元） Taxes Submitted (1000 yuan)	集群人员总数（人） Total Number of Employees of Clusters (person)
5739670270	**775420117**	**419264198**	**307419788**	**4191614**
3813614170	441280264	348536380	207085316	2553768
715017464	48771329	53734700	32295453	594145
866546333	255184017	2047715	41950788	643026
344492303	30184508	14945404	26088230	400675
451643570	13390186	41864421	15560840	131162
139141692	10489879	8047007	4942420	75522
245104368	14836079	13281845	12064648	155294
84103325	18759015	2575349	1795335	34413
70738273	12643782	8133282	10643728	34731
174015403	26995188	5833889	7354326	295290
84752826	1377507	6407677	7061955	43687
85724075	1811814	2703838	11671949	61698
206792999	12663173	9113107	13140126	187559
665134599	115333346	54263512	40744653	449084
237794092	17876638	29889509	13042971	185735
164917945	11084998	17706899	8159251	152003
136391000	10161850	9941304	6049860	206784
77173340	6387265	6614076	2856386	61645
390278952	12703660	44115879	31356659	331365
31914646	1585724	2012197	4918264	54897
147191150	6610631	14287106	4438220	164770
209717058	4343696	10539073	10127997	126417
1341332897	233825453	138019796	70183139	831263
151735221	2839214	3343712	6402481	74555
83925015	18516261	4418473	2429880	66981
229596859	65926014	27235095	9654335	207027
3654856	3260	335618	198532	7756
23984597	273992	4364850	2339325	11462
232910284	152646127	6363530	8350499	151762
16214997	658916	897538	667321	11791
41223726	237767	-54152562	885110	70462
12562505	1438684	1108179	379578	6499

8-3 创新型产业集群主要科技活动成果情况

创新型产业集群	Innovative Industrial Clusters	科技活动人员合计（人）Total number of science and technology activists (person)	企业科技经费支出合计（千元）Total expenditure on science and technology expenses of enterprises (1000 yuan)
合　计	**Total**	**1109727**	**274784178**
东部地区	Eastern Region	741012	194759481
中部地区	Middle Region	172353	28070565
西部地区	Western Region	141569	41668238
东北地区	Northeast Region	54793	10285894
北　京	Beijing	76207	32791363
天　津	Tianjin	18586	4431961
河　北	Hebei	54620	2129644
山　西	Shanxi	4614	2511277
内蒙古	Inner Mongolia	2683	360103
辽　宁	Liaoning	36083	6398179
吉　林	Jilin	12626	2740572
黑龙江	Heilongjiang	6084	1147143
上　海	Shanghai	93719	20796726
江　苏	Jiangsu	88808	18037085
浙　江	Zhejiang	53435	18586551
安　徽	Anhui	41861	7994619
福　建	Fujian	41415	7022178
江　西	Jiangxi	18231	4141857
山　东	Shandong	91191	10835014
河　南	Henan	10773	683476
湖　北	Hubei	36452	5443483
湖　南	Hunan	60422	7295853
广　东	Guangdong	223031	80128959
广　西	Guangxi	15110	4857487
海　南	Hainan		
重　庆	Chongqing	14167	3040305
四　川	Sichuan	59223	18459603
贵　州	Guizhou	4635	189536
云　南	Yunnan	1934	833284
西　藏	Tibet		
陕　西	Shaanxi	37810	12279008
甘　肃	Gansu	2264	487266
青　海	Qinghai	2448	440997
宁　夏	Ningxia		
新　疆	Xinjiang	1295	720650

Main Results of Science and Technology Activities of Innovative Industrial Clusters

当年授权发明专利 (件) Number of Invention Patents Granted (piece)	拥有有效发明专利 (件) Number of Valid Invention Patents (piece)	拥有注册商标 (件) Trademark in Force (piece)	当年形成国家或行业标准 (项) National or Sector Standards Fromed (item)	认定登记的技术合同成交金额 (千元) Determining the transaction amount of the registered technical contract (1000 yuan)
35530	**201912**	**147191**	**1100**	**96810887**
26956	154779	117039	718	48723716
3882	20943	6678	104	12464366
2742	16442	20078	148	17079194
1950	9748	3396	130	18543610
2644	15745	16959	69	5010000
428	3972	1303	21	578661
810	15404	7238	61	1338949
78	777	211	7	1976697
163	615	168	25	3210
1793	8375	2619	84	14013679
56	608	621	14	4345245
101	765	156	32	184687
1426	7268	11189	7	19722970
2680	15959	6634	89	1793953
1944	11527	7956	110	601760
1177	5902	771	31	2150321
610	2681	18255	20	2517857
312	1787	981	8	427727
1389	6007	3768	56	1978216
329	2637	1438		41525
537	3343	2660	33	4923425
1449	6497	617	25	2944671
15025	76216	43737	285	15181350
129	2305	4448	21	207859
333	2750	1050	37	700996
1188	5666	9437	18	14252992
21	56	38		125256
69	647	1981	4	13510
710	3461	2136	33	1536172
33	283	184	3	213160
66	349	586	7	16956
30	310	50		9083

8-4 创新型产业集群主要服务机构情况
Main Service Organizations of Innovative Industrial Clusters

单位：个 (unit)

创新型产业集群	Innovative Industrial Clusters	国家级科技企业孵化器 (个) Number of State-level Business Incubators (unit)	国家级生产力促进中心 (个) Number of State-level Productivity Promotion Center (unit)	国家技术转移机构 (个) Number of State-level Technology Transfer Center (unit)	具有国家级资质产品检验检测机构 (个) Number of State-level Product Inspection and Testing Organziation (unit)	研发机构 (个) Number of Research Centers (unit)	金融服务机构 (个) Number of Financial services institutions (unit)	其他服务机构 (个) Number of Other services institutions (unit)	产业联盟组织数 (个) Numbe of Industry Alliance (unit)
合计	**Total**	**297**	**45**	**105**	**145**	**5360**	**2196**	**1348**	**294**
东部地区	Eastern Region	166	11	51	76	2925	1193	792	140
中部地区	Middle Region	47	14	12	15	839	309	178	46
西部地区	Western Region	54	14	29	39	1023	447	244	60
东北地区	Northeast Region	30	6	13	15	573	247	134	48
北京	Beijing	14			1	62	8	6	12
天津	Tianjin	9	1	2	3	134	47	30	9
河北	Hebei	13	1	4	2	191	106	89	11
山西	Shanxi	2				87	42	5	15
内蒙古	Inner Mongolia	3	1	2		50	12	11	4
辽宁	Liaoning	15	4	5	3	367	174	100	44
吉林	Jilin	14	1	8	11	155	64	26	1
黑龙江	Heilongjiang	1	1		1	51	9	8	3
上海	Shanghai	5	1		3	78	5	16	14
江苏	Jiangsu	30	2	7	22	456	256	147	28
浙江	Zhejiang	11	1	8	10	430	317	227	9
安徽	Anhui	13	5	4	6	167	27	26	7
福建	Fujian	5		1		73	19	20	7
江西	Jiangxi	8	1	1	3	147	57	41	4
山东	Shandong	33	2	11	12	370	168	101	30
河南	Henan	8	2	1	3	66	32	21	2
湖北	Hubei	6	3	1	3	217	89	56	15
湖南	Hunan	10	3	5		155	62	29	3
广东	Guangdong	46	3	18	23	1131	267	156	20
广西	Guangxi	5	2	3	8	158	15	51	12
海南	Hainan								
重庆	Chongqing	3	3	3	7	197	34	51	5
四川	Sichuan	10	3	10	1	93	96	36	9
贵州	Guizhou	3	1	1	2	35	29	21	4
云南	Yunnan	2	1	1	1	41	79	7	4
西藏	Tibet								
陕西	Shaanxi	20	3	9	20	362	159	57	16
甘肃	Gansu	3				8			
青海	Qinghai	2				67	21	7	5
宁夏	Ningxia								
新疆	Xinjiang	3				12	2	3	1

第九部分

全国技术市场

The Ninth Part

Technology Market in China

9-1 全国技术合同成交情况
Statistics of Technology Contract Deals in Domestic Technical Markets

年 份 Year	合同数 (项) Number of Contracts (item)	技术合同交易额 (亿元) Value of Technology Contract Deals (100 million yuan)	交易额占国内生产总值 (%) Value of Technology Contract Deals as a Percentage of Gross Domestic Product (%)
2001	229702	782.0	0.71
2002	237093	884.0	0.73
2003	267997	1084.0	0.93
2004	264638	1334.0	0.98
2005	265010	1551.0	0.85
2006	205845	1818.0	0.87
2007	220868	2226.0	0.80
2008	226343	2665.0	0.89
2009	213752	3039.0	0.91
2010	229601	3906.6	0.98
2011	256428	4763.6	1.01
2012	282242	6437.1	1.24
2013	294929	7469.1	1.31
2014	297037	8577.2	1.35
2015	307132	9835.8	1.45
2016	320437	11407.0	1.53
2017	367586	13424.2	1.62
2018	411985	17697.4	1.97
2019	484077	22398.4	2.26

9-2 技术合同类别构成情况
Technology Contract Distribution by Category

合同类别 Category of Contract	合同数 (项) Number of Contracts (item)	合同交易额 (亿元) Value of Contract Deals (100 million yuan)	技术交易额 (亿元) Value of Technical Deals (100 million yuan)
合计 **Total**	**484077**	**22398.4**	**15711.3**
技术开发 Technology Development	**198105**	**7177.3**	**6027.1**
委托开发 Commissioned Development	186441	6013.0	5006.1
合作开发 Cooperated Development	11664	1164.4	1021.1
技术转让 Technology Transfer	**16953**	**2188.9**	**1879.2**
技术秘密转让 Technical Secrets Transfer	5595	716.6	620.9
专利实施许可转让 Patent License Transfer	3222	381.1	279.1
专利权转让 Patent Right Transfer	5688	818.8	709.5
专利申请权转让 Patent Application Right Transfer	431	16.2	15.6
计算机软件著作权转让 Computer Software Copyright Transfer	915	182.9	182.6
集成电路布图设计专有权转让 Integrated Circuit Layout Design Exclusive Right Transfer	31	0.7	0.7
植物新品种权转让 New Species of Plants Patent Right Transfer	726	12.2	11.3
生物、医药新品种权转让 New Species of Biology and Medicine Patent Right Transfer	256	55.5	55.0
设计著作权转让 Design Copyright Transfer	17	0.3	0.3
其他 Other	72	4.5	4.3
技术咨询 Technology Consultation	**31215**	**614.1**	**404.7**
技术服务 Technology Service	**237804**	**12418.1**	**7400.2**
一般性技术服务 Normal Technology Service	235136	12295.5	7342.1
技术中介 Technology Intermediary	589	17.4	7.9
技术培训 Technology Training	2079	105.2	50.2

9-3 技术合同知识产权构成情况
Technology Contract Distribution by Intellectual Property Right

知识产权 Intellectural Right	合同数 (项) Number of Contracts (item)	合同交易额 (亿元) Value of Contract Deals (100 million yuan)	技术交易额 (亿元) Value of Technical Deals (100 million yuan)
合 计 **Total**	**484077**	**22398.4**	**15711.3**
技术秘密 Technology Secrets	**87763**	**4673.2**	**3359.7**
专利 Patent	**21804**	**3085.8**	**2133.2**
发明专利 Invention Patent	14374	1741.5	1154.7
实用新型专利 Utility Model Patent	7036	1324.0	961.9
外观设计专利 Design Patent	394	20.3	16.6
计算机软件 Computer Software	**49602**	**1202.8**	**1126.1**
植物新品种 New Species of Plants	**1622**	**26.1**	**22.2**
集成电路布图设计 IC Layout Design	**693**	**49.8**	**47.1**
生物、医药新品种 New Species of Biology and Medicine	**2807**	**145.5**	**136.4**
设计著作权 Design Copyright	**3172**	**103.8**	**75.9**
未涉及知识产权 Others	**316614**	**13111.5**	**8810.8**

9-4 技术合同技术领域构成情况
Technology Contract Distribution by Technical Field

技术领域 Technical Field	合同数 （项） Number of Contracts (item)	合同交易额 （亿元） Value of Contract Deals (100 million yuan)	技术交易额 （亿元） Value of Technical Deals (100 million yuan)
合 计 **Total**	**484077**	**22398.4**	**15711.3**
电子信息技术 IT Technology	187716	5636.7	5170.7
航空航天技术 Aviation and Aerospace Technology	11956	540.3	451.6
先进制造技术 Advanced Manufacture Technology	51626	2951.7	1914.1
生物、医药和医疗器械技术 Biology,Medicine and Medical Machine Technology	39468	1057.9	901.8
新材料及其应用 Advanced Material and Application	21207	871.1	521.7
新能源与高效节能 New Energy and Power Saving	30733	2813.6	1850.1
环境保护与资源综合利用技术 Environment Protection and Resource Utilization Technology	33170	1623.5	1091.7
核应用技术 Nuclear Application Technology	621	119.2	85.2
农业技术 Agriculture Technology	22413	500.2	306.4
现代交通 Modern Transportation	15880	2077.6	1323.2
城市建设与社会发展 Urban Construction and Social Development	69287	4206.6	2094.6

9-5 技术合同社会-经济目标构成情况
Technology Contract Distribution by Social and Economic Objectives

经济目标 Economic Objective	合同数 （项） Number of Contracts (item)	合同交易额 （亿元） Value of Contract Deals (100 million yuan)	技术交易额 （亿元） Value of Technical Deals (100 million yuan)
合计 **Total**	**484077**	**22398.4**	**15711.3**
地球和大气层的探索与利用 Earth and Atmosphere Exploration and Utility	1087	18.7	16.7
非定向研究 Nondirective Research	25955	895.7	617.0
工商业发展 Industry Promotion	51476	3121.1	2415.9
国防 Defense	14101	421.0	394.6
环境保护、生态建设与污染防治 Environmental Protection， Ecological Building and Pollution Prevention	27400	1652.1	1159.0
基础设施以及城市和农村规划 Infrastructure	27189	3418.7	1901.2
教育事业发展 Education Development	13458	185.4	115.4
民用空间探测及开发 Civil Aerospace Exploration	1841	62.9	59.4
能源的生产、分配和合理利用 Energy Production， Distribution and Application	27895	2255.0	1491.3
农林牧渔业发展 Farming,Forestry and Fishery	22627	552.9	359.0
其他民用目标 Other Civil Purpose	79404	3876.6	2646.9
社会发展和社会服务 Social Development and Social Service	165535	5289.7	3987.5
卫生事业发展 Sanitation Development	26109	648.7	547.2

9-6 技术合同计划项目构成情况

Technology Contract Distribution by Science Program Project

计划类别 Category of Science Program	合同数（项） Number of Contracts (item)	合同交易额（亿元） Value of Contract Deals (100 million yuan)	技术交易额（亿元） Value of Technical Deals (100 million yuan)
合 计 Total	**483516**	**22391.6**	**15705.1**
国家计划 National Science Program	**10379**	**361.1**	**296.5**
高技术研究发展计划(863计划) Hi-Tech Research and Development Program of China	675	44.6	44.0
国际科技合作计划 International S&T Cooperation Program	42	1.1	1.0
国际热核聚变实验堆(ITER)计划专项 ITER Program	1	0.0	0.0
国家科技支撑计划 Key Technologies R&D Program	44	1.3	0.9
国家科技重大专项 National S&T Major Program	663	131.8	114.6
国家农业科技成果转化资金 Agriculture Science and Technology Achievement Transform Fund	15	0.1	0.1
国家软科学研究计划 National Soft Science Research Program	2	0.0	0.0
国家重点新产品计划 National New Product Program	171	11.3	7.0
火炬计划 Torch Program	54	0.6	0.6
基础研究计划(973计划)和国家重大科学研究计划 National Basic Research Program and National Major Scientific Research Program of China	101	5.8	4.4
科技富民强县专项行动计划 S&T Program for County and Farmer Enrichment	1	0.2	0.0
科技惠民计划 S&T Program for Public Wellbeing	11	0.1	0.1
科技基础条件平台建设 S&T Infrastructure Program	23	0.2	0.2
科技型中小企业技术创新基金 Innovation Fund for Technology-Based Small and Medium Size Enterprises	92	1.1	0.9
科研院所技术开发研究专项资金 Special Technology Development Project for Research Institutions	67	1.8	1.3
其他 Other	3249	128.6	89.5
星火计划 Spark Program	5	0.0	0.0
自然科学基金 Natural Science Fund	5163	32.4	31.8
部门计划 Science Program at Ministerial Level	**6212**	**357.2**	**269.2**
省、自治区、直辖市及计划单列市计划 Provincial Level Science Program	**26929**	**2098.7**	**1443.7**
地市县计划 Region Level Science Program	**22520**	**1421.5**	**620.6**
计划外 Others not Supported by Program	**417476**	**18153.2**	**13075.1**

9-7 卖方机构构成及交易情况

Technology Contract Distribution by Technology Seller

卖方类别 Category of Technology Seller	机构数 (个) Number of Seller (unit)	合同数 (项) Number of Contracts (item)	成交金额 (亿元) Value of Contract Deals (100 million yuan)	技术交易额 (亿元) Value of Technical Deals (100 million yuan)
合 计	**52811**	**484077**	**22398.4**	**15711.3**
Total				
机关法人	**356**	**1603**	**134.7**	**71.2**
Governments				
事业法人	**3499**	**156798**	**1625.3**	**1317.3**
Public Organizations				
科研机构	1566	45140	820.6	672.7
Research Institutes				
高等院校	913	102352	592.9	537.0
Higher Education				
医疗、卫生	307	4345	49.5	19.8
Medical and Sanitation				
其他	713	4961	162.2	87.8
Other				
社团法人	**174**	**847**	**11.0**	**8.2**
Social Organization				
企业法人	**48028**	**321777**	**20494.0**	**14223.4**
Enterprises				
内资企业	44298	301134	17978.0	12106.8
Domestic Funded Enterprises				
港澳台商投资企业	568	4467	382.5	326.1
Enterprises with Funds from Hongkong,Macao and Taiwan				
外商投资企业	1326	11440	1517.4	1406.8
Foreign Funded Enterprises				
个体经营	700	2339	67.2	49.1
Private Enterprises				
境外企业	1136	2397	548.9	334.7
Overseas Enterprises				
自然人	**465**	**1164**	**41.9**	**31.8**
Natural Person				
其他组织	**289**	**1888**	**91.5**	**59.5**
Other Organizations				

9-8 买方机构构成及交易情况
Technology Contract Distribution by Technology Buyer

买方类别 Category of Technology Buyer	合同数 (项) Number of Contracts (item)	合同交易额 (亿元) Value of Contract Deals (100 million yuan)	技术交易额 (亿元) Value of Technical Deals (100 million yuan)
合计 **Total**	**484077**	**22398.4**	**15711.3**
机关法人 **Governments**	**56899**	**3371.1**	**1851.9**
事业法人 **Public Organizations**	**72070**	**1255.3**	**998.5**
科研机构 Research Institutes	27991	503.3	467.9
高等院校 Higher Education	15564	101.1	85.7
医疗卫生 Medical and Sanitation	6922	37.3	33.6
其他 Other	21593	613.7	411.2
社团法人 **Social Organizations**	**2191**	**64.8**	**45.4**
企业法人 **Enterprises**	**343533**	**17419.1**	**12615.6**
内资企业 Domestic Funded Enterprises	306466	14014.5	9691.2
港澳台商投资企业 Enterprises with Funds from Hongkong,Macao and Taiwan	3931	433.7	293.9
外商投资企业 Foreign Funded Enterprises	11480	773.3	604.6
个体经营 Private Enterprises	7627	74.9	59.1
境外企业 Overseas Enterprises	14029	2122.6	1966.7
自然人 **Natural Person**	**4516**	**111.1**	**85.0**
其他组织 **Other Organizations**	**4868**	**177.0**	**115.0**

9-9 重大技术合同构成情况
Key Technology Contract Composition

构成 Composition	合同数 (项) Number of Contracts (item)	成交金额 (亿元) Value of Contract Deals (100 million yuan)
一、合同类别 **Category of Contracts**		
合 计 **Total**	**21151**	**17941.9**
技术服务 Technology Service	11036	10409.4
技术开发 Technology Development	7933	5120.7
技术转让 Technology Transfer	1645	1999.6
技术咨询 Technology Consultation	537	412.3
二、技术领域 **Technical Field**		
合 计 **Total**	**21151**	**17941.9**
电子信息技术 IT Technology	5182	3973.0
先进制造技术 Advanced Manufacture	3525	2373.5
新能源与高效节能 New Energy and Energy Saving	2222	2491.9
现代交通 Modern Transportation	1387	1923.2
环境保护与资源综合利用技术 Environment Protection and Resource Comprehensive Utilization	1389	1364.1
新材料及其应用 Advanced Material and Application	1264	650.3
生物、医药和医疗器械技术 Biology,Medicine and Medical Machine	1457	702.8
城市建设与社会发展 Urban construction and Social Development	2972	3671.8
农业技术 Agriculture Technology	766	271.1
航空航天技术 Aviation and Aerospace Technology	945	407.6
核应用技术 Nuclear Application Technology	42	112.5
三、知识产权 **Intellectual Right**		
合 计 **Total**	**21151**	**17941.9**
技术秘密 Technology Secrets	3751	3832.8
专利 Patents	2467	2829.5
计算机软件 Computer Software	1257	700.2
植物新品种 New Species of Plants and Animals	44	14.3
集成电路布图设计 IC Layout Design	58	40.5
生物、医药新品种 New Species of Biology and Medical	201	100.2
设计著作权 Design Copyright	163	63.7
未涉及知识产权 Other	13210	10360.8

9-10 各省、自治区、直辖市技术合同登记情况
Technology Contract Distribution by Region

地　区	Region	合同数 (项) Number of Contracts (item)	成交金额 (亿元) Value of Contract Deals (100 million yuan)	排名 Ranking
合　计	**Total**	**484077**	**22398.4**	
北　京	Beijing	83171	5695.3	1
天　津	Tianjin	13977	922.6	10
河　北	Hebei	7270	382.5	15
山　西	Shanxi	967	109.8	23
内蒙古	Inner Mongolia	1217	26.0	26
辽　宁	Liaoning	16914	571.2	11
吉　林	Jilin	4549	474.1	13
黑龙江	Heilongjiang	3799	235.8	16
上　海	Shanghai	36324	1522.2	4
江　苏	Jiangsu	49622	1675.6	3
浙　江	Zhejiang	19220	974.4	9
安　徽	Anhui	19563	452.7	14
福　建	Fujian	8786	145.9	22
江　西	Jiangxi	2799	148.6	21
山　东	Shandong	35505	1152.2	8
河　南	Henan	9310	234.1	17
湖　北	Hubei	39511	1449.6	6
湖　南	Hunan	9023	490.7	12
广　东	Guangdong	33796	2272.8	2
广　西	Guangxi	2649	77.6	25
海　南	Hainan	398	9.1	28
重　庆	Chongqing	3822	150.4	20
四　川	Sichuan	13232	1216.2	7
贵　州	Guizhou	2906	227.2	18
云　南	Yunnan	3327	82.8	24
西　藏	Tibet	42	1.0	31
陕　西	Shaanxi	53004	1467.8	5
甘　肃	Gansu	5921	196.4	19
青　海	Qinghai	836	9.1	29
宁　夏	Ningxia	1930	16.7	27
新　疆	Xinjiang	687	7.8	30

9-11 各省、自治区、直辖市技术交易情况
Technology Trade Statistics by Region

地　区	Region	输出技术 Technology Output		吸纳技术 Technology Adoption	
		合同数 (项) Number of Contracts (item)	成交金额 (亿元) Value of Contract Deals (100 million yuan)	合同数 (项) Number of Contracts (item)	成交金额 (亿元) Value of Contract Deals (100 million yuan)
合　计	**Total**	**484077**	**22398.4**	**484077**	**22398.4**
北　京	Beijing	83171	5695.3	65130	3223.7
天　津	Tianjin	13885	909.3	11277	461.5
河　北	Hebei	7262	381.2	11324	583.6
山　西	Shanxi	965	109.5	4661	444.7
内蒙古	Inner Mongolia	1201	22.5	5851	179.5
辽　宁	Liaoning	16578	557.6	14351	355.9
吉　林	Jilin	4548	474.1	5821	465.9
黑龙江	Heilongjiang	3793	232.9	4769	116.1
上　海	Shanghai	35928	1422.4	34252	880.7
江　苏	Jiangsu	49210	1471.5	45941	1767.4
浙　江	Zhejiang	18996	888.0	25302	1115.2
安　徽	Anhui	19538	449.6	20297	610.0
福　建	Fujian	8642	139.6	9719	420.1
江　西	Jiangxi	2799	148.6	4388	298.8
山　东	Shandong	35167	1110.0	32920	1111.0
河　南	Henan	9293	231.9	11681	415.5
湖　北	Hubei	39136	1429.8	24402	944.8
湖　南	Hunan	9023	490.7	9460	343.7
广　东	Guangdong	33321	2223.0	52503	3125.7
广　西	Guangxi	2647	77.6	5256	316.7
海　南	Hainan	398	9.1	1960	71.0
重　庆	Chongqing	3760	56.7	6243	252.3
四　川	Sichuan	13203	1212.0	14614	814.7
贵　州	Guizhou	2906	227.2	5770	398.9
云　南	Yunnan	3324	82.7	5701	215.0
西　藏	Tibet	40	1.0	703	112.2
陕　西	Shaanxi	52999	1467.3	27706	692.6
甘　肃	Gansu	5921	196.4	7255	239.6
青　海	Qinghai	836	9.1	2189	104.8
宁　夏	Ningxia	1922	14.9	3140	50.8
新　疆	Xinjiang	687	7.8	3797	175.8
香　港	Hongkong	75	8.2	966	172.8
台　湾	Taiwan	214	77.6	158	8.6
澳　门	Macao	3	0.72313	45	10.6
国　外	Overseas	2686	562.7	4525	1898.1

9-12 计划单列市技术交易情况
Technology Trade Statistics of the Cities Listed Independently in the State Plan

地 区	Region	输出技术 Technology Output			吸纳技术 Technology Adoption		
		合同数 (项) Number of Contracts (item)	成交金额 (亿元) Value of Contract Deals (100 million yuan)	排名 Ranking	合同数 (项) Number of Contracts (item)	成交金额 (亿元) Value of Contract Deals (100 million yuan)	排名 Ranking
合 计	**Total**	**33428**	**1251.6**		**45210**	**2088.9**	
大 连	Dalian	7611	197.3	2	6752	111.9	4
宁 波	Ningbo	2966	87.8	5	4399	171.6	3
厦 门	Xiamen	4759	88.8	4	4029	99.3	5
青 岛	Qingdao	7616	153.1	3	5546	199.7	2
深 圳	Shenzhen	10476	724.7	1	24484	1506.4	1

9-13 副省级城市技术交易情况
Technology Trade Statistics of the Deputy Provincial Level Cities

地 区	Region	输出技术 Technology Output			吸纳技术 Technology Adoption		
		合同数 (项) Number of Contracts (item)	成交金额 (亿元) Value of Contract Deals (100 million yuan)	排名 Ranking	合同数 (项) Number of Contracts (item)	成交金额 (亿元) Value of Contract Deals (100 million yuan)	排名 Ranking
合 计	**Total**	**170468**	**6644.4**		**107229**	**4285.6**	
沈 阳	Shenyang	7302	284.9	7	4678	140.3	9
长 春	Changchun	3949	464.5	6	3923	399.5	6
哈 尔 滨	Harbin	3332	203.6	10	2968	76.1	10
南 京	Nanjing	28509	588.4	5	17789	576.9	2
杭 州	Hangzhou	10455	267.5	9	10448	367.2	7
武 汉	Wuhan	24793	824.8	4	14203	514.0	3
济 南	Jinan	10862	269.5	8	7337	312.7	8
广 州	Guangzhou	20183	1224.8	2	15473	895.5	1
成 都	Chengdu	10507	1152.4	3	9324	501.6	5
西 安	Xi'an	50576	1364.0	1	21086	501.8	4

9-14　东部地区技术交易情况
Technology Trade Statistics of the Eastern Region

地　区　Region	输出技术 Technology Output			吸纳技术 Technology Adoption		
	合同数（项）Number of Contracts (item)	成交金额（亿元）Value of Contract Deals (100 million yuan)	排名 Ranking	合同数（项）Number of Contracts (item)	成交金额（亿元）Value of Contract Deals (100 million yuan)	排名 Ranking
合　计　Total	**285980**	**14249.3**		**290328**	**12759.9**	
北　京　Beijing	83171	5695.3	1	65130	3223.7	1
天　津　Tianjin	13885	909.3	6	11277	461.5	8
河　北　Hebei	7262	381.2	8	11324	583.6	7
上　海　Shanghai	35928	1422.4	4	34252	880.7	6
江　苏　Jiangsu	49210	1471.5	3	45941	1767.4	3
浙　江　Zhejiang	18996	888.0	7	25302	1115.2	4
福　建　Fujian	8642	139.6	9	9719	420.1	9
山　东　Shandong	35167	1110.0	5	32920	1111.0	5
广　东　Guangdong	33321	2223.0	2	52503	3125.7	2
海　南　Hainan	398	9.1	10	1960	71.0	10

9-15　中部地区技术交易情况
Technology Trade Statistics of the Middle Region

地　区　Region	输出技术 Technology Output			吸纳技术 Technology Adoption		
	合同数（项）Number of Contracts (item)	成交金额（亿元）Value of Contract Deals (100 million yuan)	排名 Ranking	合同数（项）Number of Contracts (item)	成交金额（亿元）Value of Contract Deals (100 million yuan)	排名 Ranking
合　计　Total	**80754**	**2860.2**		**74889**	**3057.5**	
湖　北　Hubei	39136	1429.8	1	24402	944.8	1
安　徽　Anhui	19538	449.6	3	20297	610.0	2
湖　南　Hunan	9023	490.7	2	9460	343.7	5
河　南　Henan	9293	231.9	4	11681	415.5	4
江　西　Jiangxi	2799	148.6	5	4388	298.8	6
山　西　Shanxi	965	109.5	6	4661	444.7	3

9-16 西部地区技术交易情况
Technology Trade Statistics of the Western Region

地区 Region	输出技术 Technology Output			吸纳技术 Technology Adoption		
	合同数（项）Number of Contracts (item)	成交金额（亿元）Value of Contract Deals (100 million yuan)	排名 Ranking	合同数（项）Number of Contracts (item)	成交金额（亿元）Value of Contract Deals (100 million yuan)	排名 Ranking
合计 Total	**89446**	**3375.1**		**88225**	**3553.0**	
重庆 Chongqing	3760	56.7	7	6243	252.3	5
内蒙古 Inner Mongolia	1201	22.5	8	5851	179.5	8
四川 Sichuan	13203	1212.0	2	14614	814.7	1
陕西 Shaanxi	52999	1467.3	1	27706	692.6	2
云南 Yunnan	3324	82.7	5	5701	215.0	7
甘肃 Gansu	5921	196.4	4	7255	239.6	6
新疆 Xinjiang	687	7.8	11	3797	175.8	9
青海 Qinghai	836	9.1	10	2189	104.8	11
贵州 Guizhou	2906	227.2	3	5770	398.9	3
广西 Guangxi	2647	77.6	6	5256	316.7	4
宁夏 Ningxia	1922	14.9	9	3140	50.8	12
西藏 Xizang	40	1.0	12	703	112.2	10

9-17 东北地区技术交易情况
Technology Trade Statistics of the Northeast Region

地区 Region	输出技术 Technology Output			吸纳技术 Technology Adoption		
	合同数（项）Number of Contracts (item)	成交金额（亿元）Value of Contract Deals (100 million yuan)	排名 Ranking	合同数（项）Number of Contracts (item)	成交金额（亿元）Value of Contract Deals (100 million yuan)	排名 Ranking
合计 Total	**24919**	**1264.6**		**24941**	**937.9**	
辽宁 Liaoning	16578	557.6	1	14351	355.9	2
黑龙江 Heilongjiang	3793	232.9	3	4769	116.1	3
吉林 Jilin	4548	474.1	2	5821	465.9	1

9-18 环渤海地区技术交易情况
Technology Trade Statistics of the Bohai Sea Rim Region

地 区	Region	输出技术 Technology Output			吸纳技术 Technology Adoption		
		合同数（项） Number of Contracts (item)	成交金额（亿元） Value of Contract Deals (100 million yuan)	排名 Ranking	合同数（项） Number of Contracts (item)	成交金额（亿元） Value of Contract Deals (100 million yuan)	排名 Ranking
合 计	**Total**	**158229**	**8785.3**		**145514**	**6359.8**	
北 京	Beijing	83171	5695.3	1	65130	3223.7	1
辽 宁	Liaoning	16578	557.6	4	14351	355.9	6
天 津	Tianjin	13885	909.3	3	11277	461.5	4
山 东	Shandong	35167	1110.0	2	32920	1111.0	2
内蒙古	Inner Mongolia	1201	22.5	7	5851	179.5	7
河 北	Hebei	7262	381.2	5	11324	583.6	3
山 西	Shanxi	965	109.5	6	4661	444.7	5

9-19 长三角地区技术交易情况
Technology Trade Statistics of the Yangzi River Delta Region

地 区	Region	输出技术 Technology Output			吸纳技术 Technology Adoption		
		合同数（项） Number of Contracts (item)	成交金额（亿元） Value of Contract Deals (100 million yuan)	排名 Ranking	合同数（项） Number of Contracts (item)	成交金额（亿元） Value of Contract Deals (100 million yuan)	排名 Ranking
合 计	**Total**	**104134**	**3781.9**		**105495**	**3763.2**	
上 海	Shanghai	35928	1422.4	2	34252	880.7	3
江 苏	Jiangsu	49210	1471.5	1	45941	1767.4	1
浙 江	Zhejiang	18996	888.0	3	25302	1115.2	2

9-20 珠三角地区技术交易情况
Technology Trade Statistics of the Pearl River Delta Region

地 区	Region	输出技术 Technology Output			吸纳技术 Technology Adoption		
		合同数（项） Number of Contracts (item)	成交金额（亿元） Value of Contract Deals (100 million yuan)	排名 Ranking	合同数（项） Number of Contracts (item)	成交金额（亿元） Value of Contract Deals (100 million yuan)	排名 Ranking
合 计	**Total**	**33399**	**2231.9**		**53514**	**3309.1**	
广 东	Guangdong	33321	2223.0	1	52503	3125.7	1
香 港	Hongkong	75	8.2	2	966	172.8	2
澳 门	Macao	3	0.7	3	45	10.6	3

9-21 各地区国家技术转移机构法人构成情况
Distribution of Organization Type of National Technology Transfer Centers By Region

地　区	Region	机构总数（个）Number of National Technology Transfer Centers (unit)	企业法人（个）Number of Enterprises (unit)	事业法人（个）Number of Public Organizations (unit)	社团法人（个）Number of Social Organizations (unit)	民办非企业（个）Number of private non-enterprise organization (unit)	内设机构（个）Number of Internal Organs (unit)
合　计	**Total**	**432**	**161**	**112**	**14**		**133**
东部地区	Eastern Region	248	97	57	6		88
中部地区	Middle Region	58	26	17	2		13
西部地区	Western Region	90	32	33	6		19
东北地区	Northeast Region	36	11	7			18
北　京	Beijing	59	33	6	1		19
天　津	Tianjin	10	3	5			2
河　北	Hebei	13	3	3			7
山　西	Shanxi	6	1	4			1
内蒙古	Inner Mongolia	3	1		1		1
辽　宁	Liaoning	16	5	2			9
吉　林	Jiling	10	3	2			5
黑龙江	Heilongjiang	10	3	3			4
上　海	Shanghai	24	8	5	2		9
江　苏	Jiangsu	45	9	11			25
浙　江	Zhejiang	26	15	6			5
安　徽	Anhui	12	3	5			4
福　建	Fujian	11	5	2			4
江　西	Jiangxi	5	4				1
山　东	Shandong	28	13	5			10
河　南	Henan	6	3	3			
湖　北	Hubei	20	9	4	2		5
湖　南	Hunan	9	6	1			2
广　东	Guangdong	32	8	14	3		7
广　西	Guangxi	6	2	3	1		
海　南	Hainan						
重　庆	Chongqing	8	3	3	1		1
四　川	Sichuan	22	7	6	3		6
贵　州	Guizhou	2	1				1
云　南	Yunnan	7	2	2			3
陕　西	Shaanxi	21	9	9			3
甘　肃	Gansu	8	5	3			
青　海	Qinghai	3	1	2			
宁　夏	Ningxia						
新　疆	Xinjiang	7	1	3			3
新疆兵团	Xinjiang Corps	3		2			1

注：此统计数据包含5个计划单列市。2019年，国家技术转移机构总数432家，其中上报统计数据429家，后表所列人员、促成技术转移和服务相关指标为429家机构的数据。

9-22 各地区国家技术转移机构人员构成情况

Personnel Statistics of National Technology Transfer Centers By Region

单位：人 (person)

地区	Region	总人数 Total Number of Employees	大学本科及以上 With University Education and Above	中级职称及以上 With Mid-level Professional Titles and Above	技术经纪人 Number of Private Non-enterprise Organization
合计	**Total**	**44458**	**36711**	**24801**	**4524**
东部地区	Eastern Region	27667	22573	14078	3206
中部地区	Middle Region	2828	2260	1645	343
西部地区	Western Region	10430	8827	7064	747
东北地区	Northeast Region	3533	3051	2014	228
北京	Beijing	6476	5475	3734	394
天津	Tianjin	646	494	359	108
河北	Hebei	500	458	423	88
山西	Shanxi	98	88	68	22
内蒙古	Inner Mongolia	84	57	42	17
辽宁	Liaoning	2468	2311	1412	120
吉林	Jiling	461	376	337	52
黑龙江	Heilongjiang	604	364	265	56
上海	Shanghai	2632	2160	1308	267
江苏	Jiangsu	6714	5951	4079	734
浙江	Zhejiang	3714	2570	1042	908
安徽	Anhui	421	345	304	87
福建	Fujian	257	233	98	91
江西	Jiangxi	208	165	98	7
山东	Shandong	2573	2154	1582	228
河南	Henan	236	208	148	53
湖北	Hubei	1696	1298	936	126
湖南	Hunan	169	156	91	48
广东	Guangdong	4155	3078	1453	388
广西	Guangxi	806	491	446	23
海南	Hainan				
重庆	Chongqing	1112	995	827	67
四川	Sichuan	1394	1149	772	213
贵州	Guizhou	42	37	35	7
云南	Yunnan	452	379	262	41
陕西	Shaanxi	3874	3494	2858	211
甘肃	Gansu	1099	867	709	90
青海	Qinghai	299	257	210	58
宁夏	Ningxia				
新疆	Xinjiang	1201	1048	859	19
新疆兵团	Xinjiang Corps	67	53	44	1

统计说明：
此统计数据包含5个计划单列市
东部地区：北京市、天津市、河北省、上海市、江苏省、浙江省、福建省、山东省、广东省、海南省
东北地区：辽宁省、吉林省、黑龙江省
中部地区：山西省、安徽省、江西省、河南省、湖北省、湖南省
西部地区：内蒙古自治区、广西壮族自治区、重庆市、四川省、贵州省、云南省、西藏自治区、陕西省、甘肃省、青海省、宁夏回族自治区、新疆维吾尔自治区(新疆+新疆兵团)

9-23 各地区国家技术转移机构促成技术转移情况

Technology Transfer Promotion Statistics of National Technology Transfer Centers By Region

单位：项 (item)

地区	Region	促成项目成交总数 Total Number of Projects Traded	战略性新兴产业项目成交数量 Number of Strategic Emerging Industry Projects	公共财政项目成交数量 Number of Public Financed Projects	国际技术转移项目成交数量 Number of International Technology Transfer Projects	重大技术转移项目成交数量 Number of Key Technology Transfer Projects
合　计	**Total**	**141115**	**64611**	**23440**	**2024**	**2490**
东部地区	Eastern Region	84218	46331	14812	1653	1432
中部地区	Middle Region	18427	9354	2683	132	537
西部地区	Western Region	29944	5525	4550	172	335
东北地区	Northeast Region	8526	3401	1395	67	186
北　京	Beijing	13604	7059	2939	580	379
天　津	Tianjin	4913	1517	1229	52	66
河　北	Hebei	3655	1711	1889	15	1
山　西	Shanxi	884	303	60		106
内蒙古	Inner Mongolia	81	67	6		
辽　宁	Liaoning	3947	1427	669	46	124
吉　林	Jiling	2351	663	517	1	49
黑龙江	Heilongjiang	2228	1311	209	20	13
上　海	Shanghai	6859	3933	738	691	121
江　苏	Jiangsu	26110	14517	4516	173	261
浙　江	Zhejiang	4998	3094	381	20	118
安　徽	Anhui	3448	2237	644	12	52
福　建	Fujian	2588	1436	1589	38	37
江　西	Jiangxi	741	369	74		1
山　东	Shandong	6572	3324	1047	59	275
河　南	Henan	370	308	42	25	9
湖　北	Hubei	9904	5033	1773	83	289
湖　南	Hunan	3080	1104	90	12	80
广　东	Guangdong	14919	9740	484	25	174
广　西	Guangxi	230	79	65		24
海　南	Hainan					
重　庆	Chongqing	6490	439	180	10	29
四　川	Sichuan	5057	2277	796	53	177
贵　州	Guizhou	203	61	82		
云　南	Yunnan	4046	1352	1674	25	4
陕　西	Shaanxi	12386	981	1426	56	88
甘　肃	Gansu	843	215	149		1
青　海	Qinghai	92	1	83		1
宁　夏	Ningxia					
新　疆	Xinjiang	433	35	61	27	8
新疆兵团	Xinjiang Corps	83	18	28	1	3

统计说明：
此统计数据包含5个计划单列市
东部地区：北京市、天津市、河北省、上海市、江苏省、浙江省、福建省、山东省、广东省、海南省
东北地区：辽宁省、吉林省、黑龙江省
中部地区：山西省、安徽省、江西省、河南省、湖北省、湖南省
西部地区：内蒙古自治区、广西壮族自治区、重庆市、四川省、贵州省、云南省、西藏自治区、陕西省、甘肃省、青海省、宁夏回族自治区、新疆维吾尔自治区(新疆+新疆兵团)

9-23 续表 Continued

单位：千元 (1000yuan)

地区	Region	促成项目成交总金额 Total Transaction Value of Projects Traded	战略性新兴产业项目成交金额 Transaction Value of Strategic Emerging Industry Projects	公共财政项目成交金额 Transaction Value of Public Financed Projects	国际技术转移项目成交金额 Transaction Value of International Technology Transfer Projects	重大技术转移项目成交金额 Transaction Value of Key Technology Transfer Projects
合　计	**Total**	**23102203**	**10761406**	**3411818**	**1171978**	**6224758**
东部地区	Eastern Region	10820598	7315374	2052504	1014960	3479324
中部地区	Middle Region	4095031	1996069	186028	43171	2274490
西部地区	Western Region	7067408	678729	1044715	86438	375158
东北地区	Northeast Region	1119166	771234	128571	27409	95785
北　京	Beijing	4839256	3119453	1211065	725007	2419178
天　津	Tianjin	340276	108593	54567	7408	140801
河　北	Hebei	77347	42857	25332	150	1150
山　西	Shanxi	295119	244473	2618		193308
内蒙古	Inner Mongolia	36331	32186	1219		
辽　宁	Liaoning	180859	80715	34704	1603	60437
吉　林	Jiling	111213	25267	33663	108	21760
黑龙江	Heilongjiang	827094	665252	60204	25698	13589
上　海	Shanghai	2211924	2040703	80430	9781	129829
江　苏	Jiangsu	1278489	749226	270779	57715	216061
浙　江	Zhejiang	460316	308201	22029	11436	95907
安　徽	Anhui	210939	145077	12980	1552	74576
福　建	Fujian	207214	152224	132038	15641	49013
江　西	Jiangxi	29435	19357	3653		150
山　东	Shandong	1111975	646047	143067	180883	361686
河　南	Henan	69094	42998	24384	2050	19625
湖　北	Hubei	3210322	1439701	62915	34741	1885095
湖　南	Hunan	280123	104463	79478	4828	101737
广　东	Guangdong	293800	148071	113197	6938	65700
广　西	Guangxi	22694	3649	2323		5387
海　南	Hainan					
重　庆	Chongqing	77361	7995	17794	1826	9381
四　川	Sichuan	1495334	271654	51083	7518	87375
贵　州	Guizhou	6678	1373	2068		
云　南	Yunnan	88880	36277	50737	1362	2068
陕　西	Shaanxi	5273799	312794	906458	73619	261029
甘　肃	Gansu	22486	8905	2200		3300
青　海	Qinghai	7238	5	7197		32
宁　夏	Ningxia					
新　疆	Xinjiang	19018	1681	2350	2084	1288
新疆兵团	Xinjiang Corps	17589	2210	1288	30	5297

9-24 各地区国家技术转移机构服务情况

Service Statistics of National Technology Transfer Centers By Region

地　区	Region	组织交易活动（次）Number of Trading Activities Organized (item)	组织技术转移培训（次）Number of Technology Transfer Training Organized (item)	服务企业数量（家）Number of Served Enterprises (unit)	解决企业需求（项）Number of Solved Business Needs (item)
合　计	**Total**	**16277**	**389769**	**434292**	**188708**
东部地区	Eastern Region	11502	258863	323915	135346
中部地区	Middle Region	1644	61060	42241	21460
西部地区	Western Region	2135	53484	58101	23937
东北地区	Northeast Region	996	16362	10035	7965
北　京	Beijing	1929	47338	36317	23229
天　津	Tianjin	375	4488	5570	2846
河　北	Hebei	387	14085	3848	2794
山　西	Shanxi	57	2935	1016	862
内蒙古	Inner Mongolia	81	1230	456	92
辽　宁	Liaoning	603	3566	2680	3258
吉　林	Jiling	230	3781	3066	2084
黑龙江	Heilongjiang	163	9015	4289	2623
上　海	Shanghai	700	12056	21059	37820
江　苏	Jiangsu	4177	74672	44803	33399
浙　江	Zhejiang	1386	26131	26671	12317
安　徽	Anhui	663	19706	19086	2231
福　建	Fujian	365	3394	142547	6055
江　西	Jiangxi	48	2032	3985	2815
山　东	Shandong	1429	64424	18089	10695
河　南	Henan	143	10042	3924	1376
湖　北	Hubei	502	19722	10996	10504
湖　南	Hunan	231	6623	3234	3672
广　东	Guangdong	754	12275	25011	6191
广　西	Guangxi	58	8167	7966	378
海　南	Hainan				
重　庆	Chongqing	312	13318	13706	4027
四　川	Sichuan	648	16171	15130	7158
贵　州	Guizhou	32	990	396	331
云　南	Yunnan	73	1171	5170	3255
陕　西	Shaanxi	823	6974	12195	4991
甘　肃	Gansu	48	1731	1884	3117
青　海	Qinghai	9	281	206	197
宁　夏	Ningxia				
新　疆	Xinjiang	44	2372	551	202
新疆兵团	Xinjiang Corps	7	1079	441	189

统计说明：
此统计数据包含5个计划单列市
东部地区：北京市、天津市、河北省、上海市、江苏省、浙江省、福建省、山东省、广东省、海南省
东北地区：辽宁省、吉林省、黑龙江省
中部地区：山西省、安徽省、江西省、河南省、湖北省、湖南省
西部地区：内蒙古自治区、广西壮族自治区、重庆市、四川省、贵州省、云南省、西藏自治区、陕西省、甘肃省、青海省、宁夏回族自治区、新疆维吾尔自治区(新疆+新疆兵团)

9-25 计划单列市国家技术转移机构法人构成情况
Distribution of Organization Type of National Technology Transfer Centers of the Cities Listed Independently in the State Plan

城 市	City	机构总数（个）Number of National Technology Transfer Centers (unit)	企业法人（个）Number of Enterprises (unit)	事业法人（个）Number of Public Organizations (unit)	社团法人（个）Number of Social Organizations (unit)	民办非企业（个）Number of private non-enterprise organization (unit)	内设机构（个）Number of Internal Organs (unit)
合 计	**Total**	**40**	**23**	**6**	**2**		**9**
大 连	Dalian	6	3	1			2
宁 波	Ningbo	6	3	1			2
厦 门	Xiamen	3	2				1
青 岛	Qingdao	13	10	1			2
深 圳	Shenzhen	12	5	3	2		2

9-26 计划单列市国家技术转移机构人员构成情况
Personnel Statistics of National Technology Transfer Centers of the Cities Listed Independently in the State Plan

单位：人 (person)

城 市	City	总人数 Total Number of Employees	大学本科及以上 With University Education and Above	中级职称及以上 With Mid-level Professional Titles and Above	技术经纪人 Number of private non-enterprise organization
合 计	**Total**	**3150**	**2869**	**1612**	**258**
大 连	Dalian	1987	1839	1015	24
宁 波	Ningbo	281	267	182	69
厦 门	Xiamen	110	102	13	6
青 岛	Qingdao	461	410	311	128
深 圳	Shenzhen	311	251	91	31

9-27 计划单列市国家技术转移机构促成技术转移情况

Technology Transfer Promotion Statistics of National Technology Transfer Centers of the Cities Listed Independently in the State Plan

单位：项 (item)

城　市 City	促成项目成交总数 Total Number of Projects Traded	战略性新兴产业项目成交数量 Number of Strategic Emerging Industry Projects	公共财政项目成交数量 Number of Public Financed Projects	国际技术转移项目成交数量 Number of International Technology Transfer Projects	重大技术转移项目成交数量 Number of Key Technology Transfer Projects
合　计 Total	**6513**	**3948**	**1767**	**106**	**278**
大　连 Dalian	1046	474	160	15	47
宁　波 Ningbo	646	280	26	8	20
厦　门 Xiamen	1340	981	1201	32	16
青　岛 Qingdao	2596	1654	186	39	56
深　圳 Shenzhen	885	559	194	12	139

9-27 续表 Continued

单位：千元 (1000yuan)

城　市 City	促成项目成交总金额 Total Transaction Value of Projects Traded	战略性新兴产业项目成交金额 Transaction Value of Strategic Emerging Industry Projects	公共财政项目成交金额 Transaction Value of Public Financed Projects	国际技术转移项目成交金额 Transaction Value of International Technology Transfer Projects	重大技术转移项目成交金额 Transaction Value of Key Technology Transfer Projects
合　计 Total	**8231191**	**3956822**	**2284620**	**1617054**	**3235146**
大　连 Dalian	763775	296694	163769	13193	370902
宁　波 Ningbo	648523	174823	72440	26075	293600
厦　门 Xiamen	1212782	977622	1200910	143420	228320
青　岛 Qingdao	4557542	2088574	274280	1395586	2219144
深　圳 Shenzhen	1048568	419109	573221	38780	123180

9-28 计划单列市国家技术转移机构服务情况
Service Statistics of National Technology Transfer Centers of the Cities Listed Independently in the State Plan

城　市	City	组织交易活动（次） Number of Trading Activities Organized (item)	组织技术转移培训（次） Number of Technology Transfer Training Organized (item)	服务企业数量（家） Number of Served Enterprises (unit)	解决企业需求（项） Number of Solved Business Needs (item)
合　计	**Total**	**1427**	**13906**	**163849**	**12406**
大　连	Dalian	385	1171	645	823
宁　波	Ningbo	194	2457	9965	4242
厦　门	Xiamen	158	220	139402	4573
青　岛	Qingdao	460	6760	6151	1848
深　圳	Shenzhen	230	3298	7686	920

第十部分

全国生产力促进中心

The Tenth Part

Productivity Promotion Centers (PPCS) in China

10-1 全国生产力促进中心主要经济指标

Main Economic Indicators of Productivity Promotion Centers (PPCs) in China

年 份 Year	统计中心总数 (个) Number of Productivity Promotion Centers with Data (unit)	总资产 (亿元) Total Assets (100 million yuan)	服务企业总数 (万个) Total Number of Serviced Enterprises (10000 unit)	中心年总服务收入 (亿元) Total Service Income (100 million yuan)	为企业增加销售额 (亿元) Enterprises Sales Income Increased by PPCs Service (100 million yuan)	增加利税 (亿元) Profits and Taxes Added (100 million yuan)	为社会增加就业 (万人) Employment for Society Added (10000 person)
1998	254	13.5	1.9	2.2	177.0	18.0	5.7
1999	491	17.6	4.9	4.5	155.0	26.7	11.3
2000	581	27.8	3.4	8.9	388.0	57.0	28.0
2001	701	31.2	5.0	11.3	407.0	69.0	34.5
2002	797	61.4	7.8	10.3	300.0	45.0	48.1
2003	977	67.0	6.5	13.6	477.0	66.0	150.2
2004	1099	77.1	9.2	18.7	642.0	88.1	175.3
2005	1193	90.6	9.7	18.4	1078.0	112.0	86.7
2006	1237	109.9	10.3	24.8	752.0	107.0	108.9
2007	1309	116.4	15.5	40.6	1299.0	193.6	110.6
2008	1401	162.5	19.0	30.4	1202.0	175.5	134.1
2009	1635	209.2	24.5	30.8	1796.8	208.2	165.8
2010	1705	157.1	24.5	38.4	1578.6	203.9	165.6
2011	1993	260.8	30.7	62.8	1918.2	284.0	180.0
2012	1935	295.3	38.0	89.0	2535.2	341.7	186.2
2013	2152	351.0	38.7	139.1	5282.8	397.1	193.8
2014	2152	325.0	42.7	68.2	2480.7	447.1	153.8
2015	1982	284.4	44.2	57.6	1794.4	275.0	127.9
2016	1925	293.8	20.7	49.5	1321.8	192.3	109.4
2017	1799	241.2	21.6	51.0	1076.6	150.5	75.2
2018	1515	249.2	21.6	39.0	905.6	129.2	53.0
2019	1340	222.5	17.6	22.4	775.2	99.9	52.3

10-2 各省、自治区、直辖市生产力促进中心基本情况
General Statistics of Productivity Promotion Centers by Region

地　　区	Region	入统中心个数（个）Number of Productivity Promotion Centers with Data (unit)	人员总数（人）Number of Employees (person)	总资产（千元）Total Assets (1000 yuan)	政府投入（千元）Govement Investment (1000 yuan)	年总服务收入（千元）Service Income of the Year (1000 yuan)	办公面积（平方米）Office Area (sq.m)
合　　计	**Total**	**1340**	**17032**	**22254466**	**1002533**	**2240788**	**921473**
东部地区	Eastern Region	339	5858	9663168	488787	842422	282005
中部地区	Middle Region	371	4661	6538479	98293	671142	321616
西部地区	Western Region	514	5590	5901653	382866	670095	290249
东北地区	Northeast Region	116	923	151166	32588	57129	27604
北　　京	Beijing	12	680	5703478	42086	101605	13993
天　　津	Tianjin	55	935	694069	1901	208899	56997
河　　北	Hebei	61	802	173795	28034	116564	13068
山　　西	Shanxi	39	314	33588	6203	8452	5315
内 蒙 古	Inner Mongolia	58	464	248346	18267	18917	21680
辽　　宁	Liaoning	1	30	14379		3122	11500
吉　　林	Jilin	6	153	88230	18186	13090	6440
黑 龙 江	Heilongjiang	109	740	48557	14402	40917	9664
上　　海	Shanghai	5	111	115483		12388	6526
江　　苏	Jiangsu	32	757	962468	157557	53810	24691
浙　　江	Zhejiang	1	8	846		304	150
安　　徽	Anhui	128	1847	2216227	25503	410891	133590
福　　建	Fujian	44	501	291394	78517	24446	34997
江　　西	Jiangxi	124	1289	855078	22790	80514	89683
山　　东	Shandong	39	423	369772	58200	23854	27306
河　　南	Henan	19	386	262224	5907	45648	23682
湖　　北	Hubei	39	527	2816764	21811	68079	19818
湖　　南	Hunan	22	298	354599	16079	57558	49528
广　　东	Guangdong	90	1641	1351863	122491	300553	104277
广　　西	Guangxi	65	632	1035000	36967	11279	25393
海　　南	Hainan						
重　　庆	Chongqing	35	349	130203	36272	101343	24980
四　　川	Sichuan	112	806	1980465	41350	296574	24595
贵　　州	Guizhou	65	571	324054	39903	38892	21722
云　　南	Yunnan	2	59	70823	91107	22232	2510
西　　藏	Tibet	2	18				
陕　　西	Shaanxi	47	703	1011708	44738	83158	40338
甘　　肃	Gansu	67	1064	455105	45018	37018	57260
青　　海	Qinghai	4	82	207884	18281	5733	2661
宁　　夏	Ningxia	5	74	18443	2619		910
新　　疆	Xinjiang	51	743	404060	4090	53501	66240
新疆兵团	Xinjiang Corps	1	25	15561	4253	1447	1960

10-3 各省、自治区、直辖市生产力促进中心服务情况
Service Statistics of Productivity Promotion Centers By Region

地　区	Region	咨询服务项次（项次）Consultation Service (item time)	提供信息条数（条）Information Provided (piece)	技术服务项次（项次）Technological Service (item time)	培训服务人次（人次）Training Service (person time)	中介服务项次（项次）Intermediary Service (item time)	孵化企业服务（个）Incubation Service (unit)
合　计	**Total**	**75648**	**9416886**	**36825**	**774956**	**13182**	**22621**
东部地区	Eastern Region	20622	3553439	14078	222515	3522	4645
中部地区	Middle Region	21196	2759722	12474	174789	6210	4277
西部地区	Western Region	27752	3011370	8644	364289	2200	11873
东北地区	Northeast Region	6078	92355	1629	13363	1250	1826
北　京	Beijing	135	422499	73	20974	22	23
天　津	Tianjin	4424	99697	1075	14945	1114	657
河　北	Hebei	4214	271439	1857	59322	1341	1042
山　西	Shanxi	1190	64524	69	23252	49	36
内蒙古	Inner Mongolia	1775	393896	371	23708	229	219
辽　宁	Liaoning	269	5361	106	1378	91	9
吉　林	Jilin	4052	15397	1111	8650	1142	1155
黑龙江	Heilongjiang	1757	71597	412	3335	17	662
上　海	Shanghai	8	264	28	875		
江　苏	Jiangsu	4375	312551	2376	29930	654	2029
浙　江	Zhejiang	8	1070	2	110		
安　徽	Anhui	10589	329070	5674	88586	3986	1100
福　建	Fujian	1161	910183	907	20413	131	335
江　西	Jiangxi	3654	137527	1512	30371	837	969
山　东	Shandong	1935	452313	1780	16036	97	288
河　南	Henan	2364	2064292	2792	10828	457	222
湖　北	Hubei	2296	157965	1543	12530	375	331
湖　南	Hunan	1103	6344	884	9222	506	1619
广　东	Guangdong	4362	1083423	5980	59910	163	271
广　西	Guangxi	929	793337	297	22279	138	274
海　南	Hainan						
重　庆	Chongqing	6131	1350067	1326	12382	160	8872
四　川	Sichuan	11443	135804	1481	68794	756	1157
贵　州	Guizhou	2919	22893	669	8183	172	268
云　南	Yunnan	686	3463	322	4926	66	164
西　藏	Tibet				387		
陕　西	Shaanxi	2170	207537	2490	165751	78	330
甘　肃	Gansu	638	27675	744	24846	263	277
青　海	Qinghai	318	2536	5	3403	31	49
宁　夏	Ningxia	13	360	1	1463		15
新　疆	Xinjiang	397	73802	669	26627	188	178
新疆兵团	Xinjiang Corps	333		269	1540	119	70

10-4 各省、自治区、直辖市生产力促进中心人员情况
Personnel Statistics of Productivity Promotion Centers by Region

单位：人 (person)

地 区	Region	人员数 Number of Employees	博士 Doctor	硕士 Master	学士 Bachelor	大专及以上 College and Higher Level
合 计	**Total**	**17032**	**346**	**2521**	**8825**	**16231**
东部地区	Eastern Region	5858	117	1059	3214	5572
中部地区	Middle Region	4661	105	611	2336	4457
西部地区	Western Region	5590	96	708	2740	5305
东北地区	Northeast Region	923	28	143	535	897
北 京	Beijing	680	46	220	358	658
天 津	Tianjin	935	20	174	532	896
河 北	Hebei	802	5	53	438	749
山 西	Shanxi	314	1	29	153	299
内 蒙 古	Inner Mongolia	464	28	65	181	434
辽 宁	Liaoning	30		4	25	30
吉 林	Jilin	153	7	31	100	152
黑 龙 江	Heilongjiang	740	21	108	410	715
上 海	Shanghai	111	2	36	61	110
江 苏	Jiangsu	757	8	224	405	735
浙 江	Zhejiang	8		1	5	8
安 徽	Anhui	1847	21	219	952	1773
福 建	Fujian	501	10	54	255	468
江 西	Jiangxi	1289	40	188	576	1225
山 东	Shandong	423	4	101	194	404
河 南	Henan	386	7	53	205	369
湖 北	Hubei	527	34	80	265	508
湖 南	Hunan	298	2	42	185	283
广 东	Guangdong	1641	22	196	966	1544
广 西	Guangxi	632		89	269	579
海 南	Hainan					
重 庆	Chongqing	349	4	62	193	339
四 川	Sichuan	806	15	114	350	781
贵 州	Guizhou	571	1	44	341	540
云 南	Yunnan	59		10	45	58
西 藏	Tibet	18		4	7	15
陕 西	Shaanxi	703	11	75	365	656
甘 肃	Gansu	1064	24	144	488	1013
青 海	Qinghai	82		6	63	78
宁 夏	Ningxia	74	1	20	18	73
新 疆	Xinjiang	743	11	74	412	715
新疆兵团	Xinjiang Corps	25	1	1	8	24

10-5 各省、自治区、直辖市生产力促进中心服务业绩情况
Service Achievements of Productivity Promotion Centers by Region

地区	Region	服务企业数量 (个) Number of Enterprises Served (unit)	为企业增加销售额 (千元) Enterprises Sales Income Increased by PPCs Service (1000 yuan)	增加利税 (千元) Profits and Taxes Added (1000 yuan)	为社会增加就业 (人) Employ-ment Added (person)	中心总服务收入 (千元) Total Service Income (1000 yuan)
合计	**Total**	**176122**	**77524423**	**9988034**	**523278**	**2240788**
东部地区	Eastern Region	71625	26287453	3433267	138903	842422
中部地区	Middle Region	39756	37617762	4865336	199716	671142
西部地区	Western Region	53686	11119374	1258747	176282	670095
东北地区	Northeast Region	11055	2499834	430684	8377	57129
北京	Beijing	1577	134827	19202	11129	101605
天津	Tianjin	12062	1495951	276649	12913	208899
河北	Hebei	6493	4293596	469776	33243	116564
山西	Shanxi	3874	12980	746	1580	8452
内蒙古	Inner Mongolia	4584	605334	198672	6172	18917
辽宁	Liaoning	1285	25431	7545	225	3122
吉林	Jilin	3490	1502231	290169	5926	13090
黑龙江	Heilongjiang	6280	972172	132970	2226	40917
上海	Shanghai	136				12388
江苏	Jiangsu	25475	17730470	2280874	28808	53810
浙江	Zhejiang	145	56600	735	364	304
安徽	Anhui	16067	10739500	1526493	70152	410891
福建	Fujian	3973	745617	107568	41511	24446
江西	Jiangxi	5683	13024178	1422735	52128	80514
山东	Shandong	4565	892686	206510	6754	23854
河南	Henan	6095	4804539	760614	57404	45648
湖北	Hubei	3894	8517587	1111547	14768	68079
湖南	Hunan	4143	518977	43200	3684	57558
广东	Guangdong	17199	937706	71954	4181	300553
广西	Guangxi	2479	41087	4072	1182	11279
海南	Hainan					
重庆	Chongqing	8260	434083	29241	1639	101343
四川	Sichuan	13028	7163163	711281	125924	296574
贵州	Guizhou	5212	885023	145787	3779	38892
云南	Yunnan	1243	414857	35058	377	22232
西藏	Tibet	196				
陕西	Shaanxi	11967	644322	71120	22588	83158
甘肃	Gansu	2046	541948	32264	4978	37018
青海	Qinghai	756	166	3	19	5733
宁夏	Ningxia	264				
新疆	Xinjiang	3213	337539	22504	7828	53501
新疆兵团	Xinjiang Corps	438	51852	8746	1796	1447

10-6 各省、自治区、直辖市国家级示范生产力促进中心基本情况
General Statistics of State Level Model Productivity Promotion Centers by Region

地　区	Region	入统中心个数（个）Number of Productivity Promotion Centers with Data (unit)	人员总数（人）Number of Employees (person)	总资产（千元）Total Assets (1000 yuan)	政府投入（千元）Govement Investment (1000 yuan)	年总服务收入（千元）Service Income of the Year (1000 yuan)	办公面积（平方米）Office Area (sq.m)
合　计	**Total**	**187**	**6570**	**8813440**	**642622**	**722554**	**387425**
东部地区	Eastern Region	67	2808	2255107	285092	344574	146771
中部地区	Middle Region	40	1297	2969493	38408	164802	107108
西部地区	Western Region	64	1955	3463168	286704	156061	109153
东北地区	Northeast Region	16	510	125672	32418	57117	24393
北　京	Beijing	9	256	449254	5099	7459	10259
天　津	Tianjin	4	119	56460	1720	19659	6398
河　北	Hebei	15	449	145426	17572	107224	8046
山　西	Shanxi	6	171	29908	5503	215	4689
内蒙古	Inner Mongolia	5	103	132702	12778	6880	16761
辽　宁	Liaoning	1	30	14379		3122	11500
吉　林	Jilin	3	127	72310	18186	13090	5695
黑龙江	Heilongjiang	12	353	38983	14232	40905	7198
上　海	Shanghai	1	18	20772			
江　苏	Jiangsu	17	647	869540	109243	47831	21094
浙　江	Zhejiang						
安　徽	Anhui	6	139	244848	5962	25348	28920
福　建	Fujian	9	279	203675	67140	23591	31389
江　西	Jiangxi	6	336	61184	7748	19316	9930
山　东	Shandong	7	140	212900	14276	18243	8806
河　南	Henan	11	285	218309	5627	43798	10639
湖　北	Hubei	6	173	2150532	7660	24229	9838
湖　南	Hunan	5	193	264712	5909	51896	43092
广　东	Guangdong	5	900	297080	70043	120566	60779
广　西	Guangxi	7	241	833156	25292	1967	5908
海　南	Hainan						
重　庆	Chongqing	5	162	36364	31321	8523	10502
四　川	Sichuan	7	286	1527165	14945	12738	5469
贵　州	Guizhou	6	112	66097	24763	5112	9744
云　南	Yunnan	2	59	70823	91107	22232	2510
西　藏	Tibet	1	14				
陕　西	Shaanxi	12	387	421925	39198	58708	30131
甘　肃	Gansu	5	154	27864	20426	2715	5081
青　海	Qinghai	2	69	201254	18281	5500	1941
宁　夏	Ningxia	2	58	18038	2569		829
新　疆	Xinjiang	9	285	112217	1770	30238	18317
新疆兵团	Xinjiang Corps	1	25	15561	4253	1447	1960

10-7 各省、自治区、直辖市国家级示范生产力促进中心服务情况
Service Statistics of State Level Productivity Promotion Centers by Region

地　区	Region	咨询服务项　次（项次）Consultation Service (item time)	提供信息条　数（条）Information Provided (piece)	技术服务项　次（项次）Technological Service (item time)	培训服务人　次（人次）Training Service (person time)	中介服务项　次（项次）Intermediary Service (item time)	孵化企业服　务（个）Incubation Service (unit)
合　计	**Total**	**54998**	**6946528**	**27570**	**330707**	**6282**	**16203**
东部地区	Eastern Region	15933	1765996	12258	129387	2016	2855
中部地区	Middle Region	12930	2303362	7912	54854	2282	2900
西部地区	Western Region	20127	2785388	5788	135642	751	8649
东北地区	Northeast Region	6008	91782	1612	10824	1233	1799
北　京	Beijing	53	8579	30	2256	7	17
天　津	Tianjin	1688	5057	534	758	29	
河　北	Hebei	3567	204717	1568	49018	1175	565
山　西	Shanxi	1155	54271	45	17887	6	11
内蒙古	Inner Mongolia	493	356851	241	3446	55	148
辽　宁	Liaoning	269	5361	106	1378	91	9
吉　林	Jilin	3991	14974	1098	7255	1140	1140
黑龙江	Heilongjiang	1748	71447	408	2191	2	650
上　海	Shanghai		184		112		
江　苏	Jiangsu	4183	215731	2279	18472	553	1957
浙　江	Zhejiang						
安　徽	Anhui	4033	65201	2008	7305	656	339
福　建	Fujian	1137	902926	872	19432	115	201
江　西	Jiangxi	2382	95760	801	7946	352	552
山　东	Shandong	1665	414506	1479	10543	4	13
河　南	Henan	2350	2060696	2786	10826	449	221
湖　北	Hubei	1939	22026	1410	4292	313	198
湖　南	Hunan	1071	5408	862	6598	506	1579
广　东	Guangdong	3640	14296	5496	28796	133	102
广　西	Guangxi	651	770819	212	10601	15	59
海　南	Hainan						
重　庆	Chongqing	5486	1328520	1241	5005	124	7043
四　川	Sichuan	7121	73296	468	11559	180	567
贵　州	Guizhou	2585	17672	581	4043	113	178
云　南	Yunnan	686	3463	322	4926	66	164
西　藏	Tibet				387		
陕　西	Shaanxi	2075	163749	2238	79545	8	305
甘　肃	Gansu	293	7257	184	6861	54	67
青　海	Qinghai	315	2516		3297		45
宁　夏	Ningxia	3	350	1	690		2
新　疆	Xinjiang	86	60895	31	3742	17	1
新疆兵团	Xinjiang Corps	333		269	1540	119	70

10-8 各省、自治区、直辖市国家级示范生产力促进中心人员情况
Personnel Statistics of State Level Productivity Promotion Centers by Region

单位：人　　　　(person)

地　区	Region	人员数 Number of Employees	博士 Doctor	硕士 Master	学士 Bachelor	大专及以上 College and Higher Level
合　计	**Total**	**6570**	**107**	**1145**	**4026**	**6315**
东部地区	Eastern Region	2808	59	548	1710	2662
中部地区	Middle Region	1297	7	180	793	1260
西部地区	Western Region	1955	27	317	1192	1892
东北地区	Northeast Region	510	14	100	331	501
北　京	Beijing	256	17	97	121	252
天　津	Tianjin	119	2	26	63	111
河　北	Hebei	449	5	32	303	418
山　西	Shanxi	171	1	26	115	168
内蒙古	Inner Mongolia	103		17	62	100
辽　宁	Liaoning	30		4	25	30
吉　林	Jilin	127	7	27	85	126
黑龙江	Heilongjiang	353	7	69	221	345
上　海	Shanghai	18	1	6	8	18
江　苏	Jiangsu	647	8	207	340	628
浙　江	Zhejiang					
安　徽	Anhui	139	1	12	91	138
福　建	Fujian	279	10	41	175	266
江　西	Jiangxi	336		55	171	323
山　东	Shandong	140	2	31	69	134
河　南	Henan	285	2	27	165	273
湖　北	Hubei	173	2	27	112	171
湖　南	Hunan	193	1	33	139	187
广　东	Guangdong	900	14	108	631	835
广　西	Guangxi	241		56	127	231
海　南	Hainan					
重　庆	Chongqing	162	2	31	103	157
四　川	Sichuan	286	14	59	159	280
贵　州	Guizhou	112		12	89	112
云　南	Yunnan	59		10	45	58
西　藏	Tibet	14		4	6	13
陕　西	Shaanxi	387	7	45	247	367
甘　肃	Gansu	154		17	96	150
青　海	Qinghai	69		6	53	68
宁　夏	Ningxia	58	1	20	13	57
新　疆	Xinjiang	285	2	39	184	275
新疆兵团	Xinjiang Corps	25	1	1	8	24

10-9 各省、自治区、直辖市国家级示范生产力促进中心服务业绩情况
Service Achievements of State Level Productivity Promotion Centers by Region

地区	Region	服务企业数量（个）Number of Enterprises Served (unit)	为企业增加销售额（千元）Enterprises Sales Income Increased by PPCs Service (1000 yuan)	增加利税（千元）Profits and Taxes Added (1000 yuan)	为社会增加就业（人）Employ-ment Added (person)	中心总服务收入（千元）Total Service Income (1000 yuan)
合　计	**Total**	**124735**	**47999708**	**6128468**	**289946**	**722554**
东部地区	Eastern Region	52815	23117910	2880842	58238	344574
中部地区	Middle Region	23259	17056929	2348372	91778	164802
西部地区	Western Region	38236	5328956	571777	131568	156061
东北地区	Northeast Region	10425	2495914	327477	8362	57117
北　京	Beijing	1378	79827	1702	2829	7459
天　津	Tianjin	2724	219475	28574	2090	19659
河　北	Hebei	4659	3732971	412776	28608	107224
山　西	Shanxi	3590	10000	300	1200	215
内蒙古	Inner Mongolia	3301	546484	190091	2814	6880
辽　宁	Liaoning	1285	25431	7545	225	3122
吉　林	Jilin	3433	1498311	186962	5911	13090
黑龙江	Heilongjiang	5707	972172	132970	2226	40905
上　海	Shanghai	99				
江　苏	Jiangsu	24526	17438621	2247221	17502	47831
浙　江	Zhejiang					
安　徽	Anhui	5071	2283743	337262	13845	25348
福　建	Fujian	3011	529351	66310	2086	23591
江　西	Jiangxi	2408	1497165	155036	5362	19316
山　东	Shandong	3582	302996	60725	2529	18243
河　南	Henan	5683	4778939	760358	57344	43798
湖　北	Hubei	2719	7991621	1056938	10649	24229
湖　南	Hunan	3788	495461	38479	3378	51896
广　东	Guangdong	12836	814669	63534	2594	120566
广　西	Guangxi	1171	12000	700	30	1967
海　南	Hainan					
重　庆	Chongqing	5923	295916	25527	936	8523
四　川	Sichuan	8610	2896262	173950	101663	12738
贵　州	Guizhou	3837	269905	54348	2219	5112
云　南	Yunnan	1243	414857	35058	377	22232
西　藏	Tibet	165				
陕　西	Shaanxi	11364	414441	60036	17615	58708
甘　肃	Gansu	556	403608	21921	4060	2715
青　海	Qinghai	743				5500
宁　夏	Ningxia	139				
新　疆	Xinjiang	746	23630	1399	58	30238
新疆兵团	Xinjiang Corps	438	51852	8746	1796	1447

第十一部分

主要指标解释

The Eleventh Part

Explanatory Notes on Main Indicators

主要指标解释

工业总产值：指工业企业在报告期内生产的以货币形式表现的工业最终产品和提供工业劳务活动的总价值量。由本期生产成品价值、对外加工费收入、自制半成品在制品期末期初差额价值。

本期生产成品价值：指企业在报告期生产，经检验合格的已销售和准备销售的全部工业成品（半成品）价值合计。成品价值中包括企业生产的自制设备及提供给本企业在建工程、其他非工业部门和生活福利部门等单位使用的成品价值，但不包括用订货者来料加工的成品（半成品）价值。

对外加工费收入：指企业在报告期完成的对外承做的工业品加工（包括用订货者来料加工生产）的加工费收入和对外工业品修理作业所收取的加工费收入和对内非工业部门提供的加工修理、设备安装等收入。对外加工费收入中不包括销项税额。

自制半成品在制品期末期初差额价值：为了使工业总产值与工业中间投入中的物耗价值一致，以便同口径地计算工业增加值，规定本指标的计算原则是：凡是企业会计产品成本核算中计算半成品、在制品成本，则工业总产值中必须包括自制半成品在制品期末期初差额价值。反之亦然。

营业收入：指企业经营主要业务和其他业务所确认的收入总额。营业收入合计包括“主营业务收入”和“其他业务收入”。

技术收入：指企业全年用于技术转让、技术承包、技术咨询与服务、技术入股、中试产品收入以及接受外单位委托的科研收入等。

产品销售收入：指企业全年销售全部产成品、自制半成品和提供劳务等所取得的收入。

商品销售收入：指企业销售以出售为目的而购入的非本企业生产产品的销售收入。

实际上缴税费总额：指企业实际上缴的各项税金、特种基金和附加费等。

流动资产：指企业可以在一年内或者超过一年的一个生产周期内变现或者耗用的资产，包括现金及各种存款、短期投资，应收及预付款项、存货等。

年末资产：指企业在报告年末拥有或控制的能以货币计量的经济资源，包括各种财产、债权和其他权利。资产按其流动性（即资产的变现能力和支付能力）划分为：流动资产、长期投资、固定资产、无形资产、递延资产和其他资产。

年末负债：按会计报表的流动负债与长期负债之和填写。

年末从业人员数：指在报告期末，在企业中从事劳动并取得劳动报酬或经营收入的全部劳动力。

科技活动人员合计：指企业内部直接参加科技项目以及项目的管理人员和直接服务的人员。不包括全年累计从事科技活动时间不足制度工作时间 10%的人员。

科技活动经费内部支出：指报告年内用于科技活动的实际支出，包括劳务费、科研业务费、科研管理费，非基建投资构建的固定资产、科研基建支出以及其他用于科技活动的支出。不包括生产性活动支出、归还贷款支出及转拨外单位支出。反映科技投入实际完成情况。

R&D 经费内部支出：指调查单位在报告年度用于内部开展 R&D 活动的实际支出。包括用于 R&D 项目（课题）活动的直接支出，以及间接用于 R&D 活动的管理费、服务费、与 R&D 有关的基本建设支出以及外协加工费等。不包括生产性活动支出、归还贷款支出以及与外单位合作或委托外单位进行 R&D 活动而转拨给对方的经费支出。

发明专利：指对产品、方法或者其改进所提出的新的技术方案。是国际通行的反映拥有自主知识产权技术的核心指标。

实用新型：指对产品的形状、构造或者其结合所提出的适于实用的新的技术方案。反映具有一定技术含量的技术成果情况。

外观设计：指对产品的形状、图案、色彩或者其结合所作出的富有美感并适于工业上应用的新设计。反映拥有自主知识产权的外观设计成果情况。

Explanatory Notes On Main Indicators

Gross Industrial Output Value refers to the total volume of final industrial products produced and industrial services provided during a given period in monetary terms. Gross industrial output value is composed of value of the finished products during the reference period, income from processing for external parties, and value of change in semi-finished products between the end and the beginning of the reference period.

Value of finished products during the reference period refers to the value of all finished (semi-finished) industrial products that are produced during the reference period, checked for acceptance, and sold or ready to sell, including the value of own-produced equipment and the value of products provided to the projects under construction of the enterprise, and to other non-industrial or welfare units, but excluding the value of finished products (semi-finished products) that are produced using the materials from the clients who place the orders.

Income from external processing refers to income from contracted external processing of industrial products (including processing of industrial products using materials from the clients), the income from industrial repairing work provided to other parties, and income from processing, repairing, installation of equipment provided to non-industrial units within the enterprises. Income from external processing does not include value-added tax.

Value of change in semi-finished products between the end and the beginning of the reference period is calculated according to the principle that if the enterprise accounting includes the cost of semi-finished products, then the value of change should be included in the gross industrial output value, and vice versa. This is to keep the value of goods consumption of gross industrial output value and that of industrial intermediate inputs the same, so that the industrial added value is calculated in the same caliber.

Operating Revenue refers to the sum of various incomes from main business and other operations. It is consisted of "revenue from principal business" and "revenue from other business".

Technology Income refers to income of enterprises from technology transfer, technology contract, technology consultation and service, technology investment, pilot product sale and income from scientific research entrusted by other units over the year.

Income of Product Sales refers to income from sales of all finished products, self-made semi-finished products and income of services provided by enterprises over the year.

Income of Commodity Sales refers to sales income from products purchased by enterprises for the purpose of sale and not produced by enterprises themselves.

Total Taxes and Fees Actually Submitted refer to various taxes, special funds and extra charges actually submitted by enterprises.

Current Assets refer to assets that can be cashed or disposed of in one year or one production period of more than one year, including cash and various deposits, short-term investment, accounts receivable or in advance payment, and inventory etc.

Assets by the end of Year refer to the economic resources that can be calculated in monetary terms held or controlled by enterprises by the end of the reference year, including property in various forms, creditor' s rights and other rights. Assets are divided into the following categories according to its liquidity (i. e., cashability and capacity to pay): current assets, long-term investments, fixed assets, intangible assets, deferred assets and other assets.

Liabilities by the end of Year refers to the sum of current liabilities and long-term liabilities in the financial statement.

Number of Employed Personnel by the end of Year refers to the number of all the labor force who is engaged in gainful employment in tenant enterprises and thus receive remuneration payment or earn business income by the end of the reference year.

Total Number of Personnel Engaged in Science and Technology Activities refers to the number of personnel in the enterprises who are directly engaged in implementation of S&T projects or management of and direct services to the projects. Excluding the personnel who commit less than 10% of their work time to S&T activities accumulatively over the year.

Intramural Expenditures on Science and Technology Activities refer to the real expenditure of surveyed units on their own S&T activities including expenditure on labor, scientific research, management of scientific research, fixed assets excluding capital construction, expenditure on infrastructure for scientific research activities and other expenditure on S&T activities. Excluding the expenditure on production activities, return of loan, and fees transferred to cooperated and entrusted agencies. This indicator reflects the actual completion status of S&T input.

Intramural Expenditure of Funds on R&D refers to the real expenditure of surveyed units on their own R&D activities including direct expenditure on R&D activities in projects, indirect expenditure of management and services on R&D activities, expenditure on capital construction and material processing by others. Excluding the expenditure on production activities, return of loan, and fees transferred to cooperated and entrusted agencies on R&D activities.

Patented Inventions refer to new technical proposals to the products or methods or their modifications. This is universal core indicator reflecting the technologies with independent intellectual property.

Patented Utility Models refer to the practical and new technical proposals on the shape and structure of the product or the combination of both. This indicator reflects the condition of technical results with certain technical content.

Designs refer to the aesthetics and industrially applicable new designs for the shape, pattern and color of the product, or their combinations. This indicator reflects the appearance design achievements with independent intellectual property.